연세 한국어

활용연습 4-2

연세대학교 한국어학당 편

연세대학교 대학출판문화원

연세 한국어

활용연습 4-2

편저자 연세대학교 한국어학당 교재편찬위원회
집필진 손성희 · 최수진 · 김지연 · 이주화 · 이윤미
발행 연세대학교 대학출판문화원

주소 서울시 서대문구 연세로 50
전화 02) 2123-3380~2
팩스 02) 2123-8673
e-mail : ysup@yonsei.ac.kr
http://www.yonsei.ac.kr/press

등록 1955년 10월 13일 제9-60호
인쇄 (주)태화북스
삽화 디투웍스
녹음 MS미디어
성우 윤미나 · 전광주

2013년 3월 5일 1판 1쇄 2015년 1월 23일 1판 3쇄
ISBN 978-89-6850-011-4(08710)
ISBN 978-89-6850-009-1 (세트)

값 15,000원(CD포함)

일러두기

- '연세 한국어 활용연습 4'는 중급용 한국어 교재인 '연세 한국어 4'를 보다 효율적으로 학습해 나갈 수 있도록 하기 위해 개발되었다.
- '연세 한국어 활용연습 4'는 총 10과로 이루어져 있으며, 각 과는 5개의 항으로 구성되어 있다.
- 각 과의 1항부터 4항까지는 어휘, 문법 연습으로 구성되어 교재에 나온 어휘와 문법을 연습할 수 있도록 되어 있다. 5항은 한 과의 전체 내용을 총 정리하고 복습하는 내용으로 되어 있으며 학습한 문형과 어휘를 활용한 듣기 연습, 읽기 연습, 말하기 · 쓰기 연습 등으로 구성되어 있다.
- 제5과와 제10과 다음에는 의성어, 의태어, 한자성어, 속담, 관용어를 뜻풀이, 예문, 연습문제와 함께 제시하였다.
- 5과가 끝날 때마다 복습문제를 넣어 배운 내용에 대한 정리를 할 수 있도록 하였다.
- 학생들의 이해를 돕고자 각 연습 문제의 1번에는 답을 써 주어 보기와 같은 역할을 할 수 있도록 하였다.
- 책의 뒷부분에는 교재에 실린 듣기 연습의 지문과 각 연습문제의 모범 답안을 실어 학생들이 스스로 답을 확인하고 공부하는 데 도움이 되도록 하였다.
- 듣기지문이 녹음된 CD를 첨부하였다.

차례

4-1

4-2

제 6 과 지식과 사회

6과 1항

어휘

1. 다음 [보기]에서 알맞은 말을 골라 빈 칸에 쓰십시오.

[보기] 꽤 신뢰하다 확인하다 얻다 무조건

신문 기사나 뉴스, 시사 정보를 보려면 네이버나 구글과 같은 포털 사이트가 좋습니다. 검색 방법이 ❶ 꽤 간단한 편이라서 원하는 주제를 검색하면 여러 가지 기사를 쉽게 볼 수 있어서 그 중 필요한 정보를 쉽게 ❷ ________ 을/ㄹ 수 있습니다. 신문 기사나 뉴스 보도는 객관적이고 정확하기 때문에 비교적 ❸ ________ 을/ㄹ 수 있습니다. 하지만 요즘은 세계 경제 상황이나 정부 정책들이 자주 바뀌다 보니 기사의 정확성이 떨어지는 경우도 있습니다. 인터넷에 실린 기사라고 ❹ ________ 믿지 말고 어느 신문사의 기사인지, 언제 쓴 기사인지 꼭 ❺ ________ 어야/아야/여야 합니다.

2. 다음 [보기]에서 알맞은 말을 골라 빈 칸에 쓰십시오.

[보기] 발표하다 분석하다 수집하다 정리하다 조사하다 종합하다

❶ 여러 나라의 교통 문제 해결책의 사례를 **모은다.** (수집한다)

❷ 이렇게 모아진 사례들 중 성공한 정책과 실패한 정책의 원인을 **꼼꼼히 따져서 밝힌다.** (   )

❸ 그 자료들을 나라, 원인, 성공 사유별로 잘 **나누어 분류한다.** (   )

❹ 이를 바탕으로 현재 서울 교통에 대한 설문지를 만들어서 시민들의 어려운 점과 의견을 **알아본다.** (   )

❺ 설문지에 나타난 시민들의 반응과 여러 의견들을 **전체적으로 한 데 모아** 정책을 만든다. (   )

❻ 새 교통 정책을 만들어 시민들에게 **알린다.** (   )

문법

–만으로는

3. 다음 문장을 완성하십시오.

- 우울증 치료의 조건 : 본인의 의지, 약 복용
- 행복한 가정의 조건 : 주부의 노력, 가족들의 노력
- ㄱ 기업 취업 조건 : 외국어 실력, 경력 3년 이상
- 요리사의 조건 : 요리사 자격증, 타고난 재능, 요리에 대한 애정
- 댄스 가수 조건 : 춤 · 노래 실력, 악기 연주 실력
- 장학금 신청 조건 : 시험 성적, 전체 수업일수의 80% 이상 출석

❶ 우울증을 치료하려면 본인의 의지 만으로는 부족해요. 꾸준히 약을 먹어야 합니다.

❷ ________ 만으로는 행복한 가정을 만들 수 없어요. 가족 모두가 노력해야지요.

❸ ________ 만으로는 ㄱ 기업에 취직할 수 없습니다. ________

❹ 요리사가 되려면 ________ 만으로는 부족해요. ________

❺ 댄스 가수가 되려면 ________ 만으로는 ________

❻ 장학금을 신청하려면 ________ 만으로는 ________

4. '–만으로는'을 사용해 다음 대화를 완성하십시오.

❶ 가 : 이곳에서 아르바이트를 하고 싶은데 운전만 잘 하면 되나요?
나 : 운전 실력 만으로는 부족합니다. 배달 경력이 있어야 해요.

❷ 가 : 능력만 있으면 요즘 사회에서 성공할 수 있겠지요?
나 : ________ 만으로는 성공할 수 없어요. 인간 관계가 좋아야지요.

❸ 가 : 겉모습만 보면 저 사람은 아주 쌀쌀한 성격인 것 같아요.
나 : ________ 만으로는 ________

❹ 가 : 부모님이 용돈을 주시는데 왜 힘들게 아르바이트까지 하세요?
나 : ________ 만으로는 ________

❺ 가 : 고혈압이 있어서 약을 꾸준히 먹고 있는데 나아지지가 않아요.
나 : ________

❻ 가 : 회사에 취직하기 위해서 여러 가지 자격증을 따고 있어요.
나 : ________

–는 수가 있다

5. 다음 [보기]에서 알맞은 것을 골라 문장을 완성하십시오.

[보기]	잊어버리다	사고가 나다	잃어버리다	감기에 걸리다	친구와 싸우다

❶ 그렇게 급하게 마시면 ______취하______는 수가 있어요. 좀 천천히 드세요.

❷ 그렇게 에어컨을 세게 틀어 놓으면 ____________는 수가 있어요.

❸ 수첩에 적지 않으면 ____________는 수가 있어요.

❹ 그렇게 자꾸 차선을 바꾸다가 ____________는 수가 있어요.

❺ 그렇게 지갑을 손에 들고 다니면 ____________는 수가 있어요.

❻ 그렇게 친구들에게 짜증을 내면 ____________는 수가 있어요.

6. '–는 수가 있다'를 사용해 다음 대화를 완성하십시오.

❶ 가 : 인터넷 속도가 왜 이렇게 느리지? 그냥 전원을 꺼야겠다.
나 : 작업을 마치지 않고 ______전원을 끄면 컴퓨터가 고장나______는 수가 있어.

❷ 가 : 저는 길을 걸을 때 항상 주머니에 손을 넣고 걷는 편인데 어제 넘어질 뻔 했어요.
나 : 그렇게 길을 걸을 때 주머니에 손을 넣고 걷다가는 ____________는 수가 있어요.

❸ 가 : 자꾸 찬물을 마셔서 그런지 배가 아파요.
나 : 찬물을 많이 마시면 ____________는 수가 있어요.

❹ 가 : 요즘은 바빠서 친구들 메일을 읽기만 하고 답장은 안 해요.
나 : 답장을 안 하면 ____________는 수가 있어요.

❺ 가 : 시간이 없어서 이 일은 대충 해야겠어요.
나 : ____________

❻ 가 : 여기는 평소에 단속을 잘 하지 않는 곳이니까 잠깐 주차해도 되겠지?
나 : ____________

6과 2항

어휘

1. 다음 [보기]에서 알맞은 말을 골라 빈 칸에 쓰십시오.

[보기]	일단	다큐멘터리	유익하다	일석이조	즐겨보다

한국에 와서 가장 달라진 일상 중 하나가 TV를 가까이 하게 되었다는 것이다. 수업이 끝나면 집에 와서 ❶ 일단 TV를 켜 놓고 점심을 먹는다. 나는 모든 프로그램을 가리지 않고 보는 편이지만 특히 자연이나 한국 사람들의 있는 그대로의 생활을 보여 주는 ❷ ______ 프로그램을 좋아한다. 그런 프로그램들은 직접 경험해 보지 못한 것들을 배울 수 있어서 나에게 무척 ❸ ______는다/ㄴ다/다. 또 요즘 내가 좋아하는 배우가 나오는 드라마를 ❹ ______는데/은데/ㄴ데 좋아하는 배우도 볼 수 있고 한국 말도 배울 수 있어서 ❺ ______인 것 같다.

2. 다음 [보기]에서 알맞은 말을 골라 빈칸에 쓰십시오.

[보기]	등장인물	제작진	다시보기	미리보기	시청자 소감

문법

-는 축에 들다

3. 다음을 보고 문장을 완성하십시오.

신입 사원들에 대한 보고서
- 평균 나이 : 29세
- 학력 : 10명 중 8명이 대학원 졸업
- 사회 경험 : 대부분 없음
- 성격 : 대부분 내성적이고 조용함
- 특징 : 영어 실력은 대체로 뛰어나지만 컴퓨터 문서 작성 능력이 부족한 편임

신입 사원 김성수입니다. 나이는 26살이니까 입사 동기 중에서 ❶ ...... 어린 ...... ~~는/은/ㄴ~~ 축에 듭니다. 이번에 대학교를 졸업했는데 대학원을 졸업한 동기들이 많으니 동기들 중에서 학력이 ❷ .... 는/은/ ㄴ 축에 듭니다. 토익 점수가 850점이라서 영어에는 자신이 있었는데 동기들의 영어 실력을 보니까 저는 ❸ .... 는/은/ㄴ 축에 들더군요. 하지만 저는 컴퓨터 문서 작성 자격증이 있으니까 ❹ .... 는/ 은/ㄴ 축에 든다고 할 수 있어요. 저는 봉사 활동도 많이 하고 아르바이트도 많이 해서 ❺ .... 는/은/ㄴ 축에 듭니다. 저는 새로운 일에 도전하는 것과 친구 사귀는 것을 좋아하니까 동기들 중에서 성격이 ❻ .... 는/은/ㄴ 축에 듭니다.

4. 다음 대화를 완성하십시오.

❶ 가 : 회사를 퇴직하고 사업을 시작하셨다면서요?
나 : 작은 가게를 냈는데 이 정도가 ...... 사업 ...... ~~는/은/ㄴ~~ 축에 드나요?

❷ 가 : 할아버지가 나이가 많으신데 아직 건강이 괜찮으세요?
나 : 날마다 운동을 하셔서 70세이신데도 .... 는/은/ㄴ 축에 드세요.

❸ 가 : 미선 씨는 키가 참 크시네요. 가족들이 모두 큰가요?
나 : 가족들은 나보다 훨씬 커요. 저는 가족들 중에서는 .... 는/은/ㄴ 축에 들어요.

❹ 가 : 이 요리를 직접 만들었어요? 정말 요리 솜씨가 좋네요.
나 : 요즘 요리 잘 하는 사람들이 얼마나 많은데 이 정도가 ……………… 는/은/ㄴ 축에 드나요?

❺ 가 : 지영 씨는 다른 동료들보다 회사에 일찍 출근하는 편이에요?
나 : ………………………………

❻ 가 : 직장에 다니면서 한국어 공부도 하시고 태권도까지 배우시니 정말 부지런하시네요.
나 : ………………………………

-든 -든

5. 다음 문장을 완성하십시오.

한식	양식

❶ 저는 ……한식이…… 든 ……양식이…… 든 가리지 않고 다 잘 먹어요.

자기 개발	취미 활동

❷ ……………… 든 ……………… 든 계획을 세워 실천하세요.

유산소 운동	근력 운동

❸ ……………… 든 ……………… 든 꾸준히 30분 이상 하시는 게 가장 효과적이에요.

회사원	개인 사업자

❹ ……………… 든 ……………… 든 수입이 있는 사람은 모두 국민연금에 가입해야 합니다.

학기 사작 전	학기 중

❺ ……………… 든 ……………… 든 100% 환불은 안 되니까 잘 생각해보고 등록하세요.

정규직	비정규직

❻ 이번 명절에는 ……………… 든 ……………… 든 상여금이 지급될 예정입니다.

6. '–든 –든'을 사용해 다음 대화를 완성하십시오.

❶ 가 : 저는 한국말을 잘 못하는데 역사 연구 동아리에 들 수 있어요?
나 : 네, ____한국말을 잘 하____든 ____못 하____든 누구나 가입할 수 있어요.

❷ 가 : 여보세요, 택배 기사입니다. 언제 방문하면 됩니까?
나 : 집에 계속 있을 거니까 ________든 ________든 다 괜찮아요.

❸ 가 : 강원도까지 어떻게 갈까요? 기차나 버스 중에 어떤 것이 좋아요?
나 : ________든 ________든 다 좋으니까 빨리 갈 수 있는 걸로 갑시다.

❹ 가 : 이건 예쁘지만 값이 너무 싼데 친구 결혼 선물로 괜찮을까요?
나 : 선물은 ________든 ________든 ________________

❺ 가 : 이거 꼭 현금으로 내야 하나요? 카드밖에 없는데요.
나 : ________________________________

❻ 가 : 이번 야유회는 어디에서 할까요? 특별히 가고 싶은 곳이 있어요?
나 : ________________________________

6과 3항

어휘

1. 다음 [보기]에서 알맞은 말을 골라 빈 칸에 쓰십시오.

[보기] 연말연시 영상채팅 마주보다 주고받다 덕을 보다

벌써 12월, 한 해가 가고 새해를 맞는 ❶ 연말연시 은/는 그 어느 때보다 바쁘고 정신없는 것 같다. 한국에 온 지 벌써 1년 째, 처음에는 중국에 있는 친구나 가족들과 이메일로 소식을 ❷ ________ 었는데/았는데/였는데 전화로 통화하는 것보다 멀게 느껴져서 외롭고 힘들 때도 많았다. 하지만 요즘은 인터넷 화상 전화 사이트에 접속해서 웹 카메라를 통해 ❸ ________ 고 이야기하는 것처럼 대화를 할 수 있으니 정말 인터넷의 ❹ ________ 고 있다. 인터넷으로 얼굴을 보면서 ❺ ________ 까지 할 수 있으니 컴퓨터 기술의 발전은 정말 대단하다.

2. 다음 [보기]에서 알맞은 단어를 찾아 빈칸에 쓰십시오.

[보기] 접속하다 검색하다 홈페이지 네티즌 인터넷 뱅킹 게시판

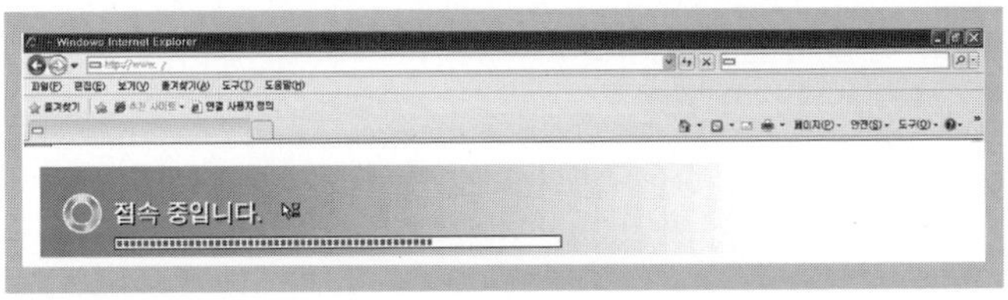

❶ (접속하다)

❷ ( )

❸ 여행사 ( )을/를 방문한다.

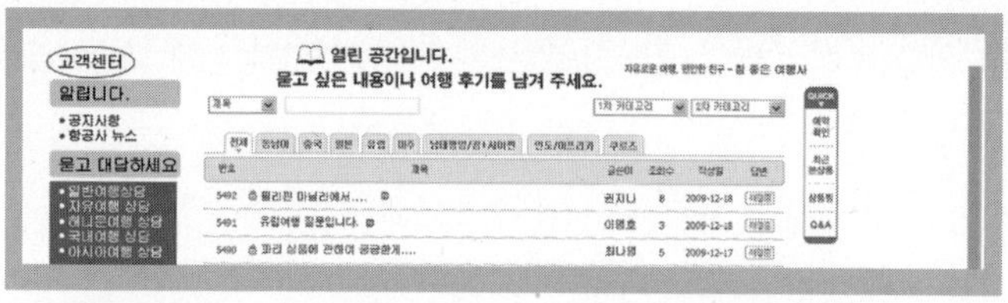

❹ (   )에 글을 남긴다.

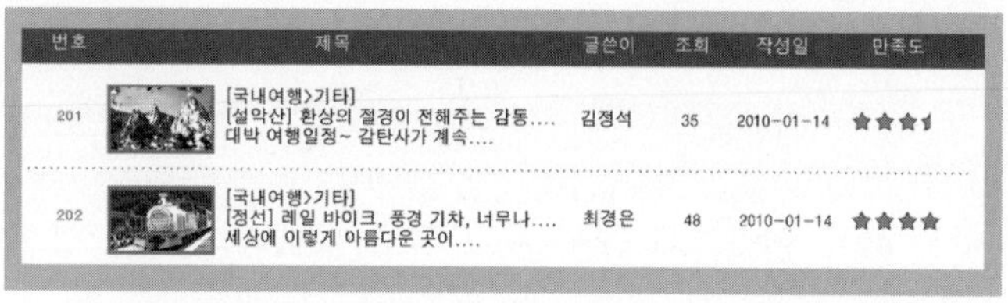

❺ 여행 상품에 대한 (   )들의 반응을 살펴본다.

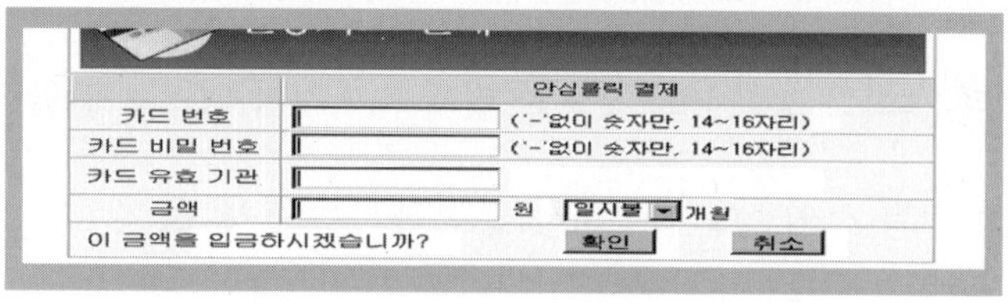

❻ (   )으로/로 송금한다.

문법

마치 –는 것처럼

3. 다음을 같은 뜻이 되도록 만드십시오.

❶ 좋아하는 스타를 보니까 **꿈을 꾸는 것 같아요.**

→ 마치 꿈을 꾸는 ~~는/은/ㄴ~~ 것처럼 느껴져요.

❷ 이태원은 **외국인 것 같아요.**

→ 마치 .... 는/은/ㄴ 것처럼 느껴져요.

❸ 얼음 조각들이 **살아있는 것 같아요.**

→ 마치 .... 는/은/ㄴ 것처럼 느껴져요.

❹ 오늘은 학생들이 **약속을 한 것 같이** 다들 수업에 늦게 왔어요.

→ 마치 .... 는/은/ㄴ 것처럼 수업에 늦게 왔어요.

❺ 발레 공연에서 발레리나가 **새가 날아 오르는 것 같이** 춤을 췄어요.

→ 마치 .... 는/은/ㄴ 것처럼 춤을 췄어요.

❻ 서울 야경이 **한 폭의 그림을 보는 것 같이** 아름다웠어요.

→ 마치 .... 는/은/ㄴ 것처럼 아름다웠어요.

4. 다음 [보기]에서 알맞은 것을 골라 대화를 완성하십시오.

[보기]	무언가에 쫓기다	며칠 굶다	부모님이 곁에 계시다
	하늘을 날다	친자식을 대하다	고향에 오다

❶ 가 : 고향에 계신 부모님과 어떻게 연락하세요?
나 : 인터넷 화상전화로 통화하는데 마치 부모님이 곁에 계시는 ~~는/은/ㄴ~~ 것처럼 가깝게 느껴져요.

❷ 가 : 이번 대회에서 상을 탈 때 기분이 어땠어요?
나 : 마치 ________________ 을/ㄹ 것처럼 기뻤어요.

❸ 가 : 하숙집 아주머니가 그렇게 친절하게 잘 대해 주신다면서요?
나 : 네, 아주머니가 마치 ________________ 는/은/ㄴ 것처럼 ________________

❹ 가 : 오랜만에 한국에 오니까 기분이 어때요? 낯설지 않아요?
나 : 아니요, 오랜만에 왔는데도 마치 ________________ 는/은/ㄴ 것처럼 ________________

❺ 가 : 사람들이 다들 너무 바빠 보여요. 여유롭게 걷는 사람이 별로 없어요.
나 : 다들 마치 ________________________________

❻ 가 : 민수 씨가 원래 저렇게 밥을 급하게 먹어요? 체할 것 같아 걱정이네요.
나 : 네, 마치 ________________________________

-이라고

5. 다음 [보기]에서 알맞은 한자성어를 골라 문장을 완성하십시오.

[보기]	이심전심	작심삼일	부전자전	대기만성	유비무환	다다익선

❶ 내가 진심으로 그 사람을 대했더니 이심전심이라고 ~~이라고/라고~~ 그 사람이 내 마음을 알아 주었다.

❷ ________________ 이라고/라고 아버지를 닮아 아들도 수학을 잘 한다.

❸ ________________ 이라고/라고 작가의 뛰어난 글재주는 40대가 지나서 나타나기 시작했다.

❹ ________________ 이라고/라고 급할 때를 위해서 미리 돈을 저금해 두는 습관을 길러야 한다.

❺ ________________ 이라고/라고 정보는 많이 알아 둘수록 도움이 되는 법이다.

❻ 운동을 하겠다고 결심을 하고 시작했는데 ________________ 이라고/라고 일주일도 안 돼서 그만두고 말았다.

6. [보기]에서 알맞은 속담을 골라 다음 대화를 완성하십시오.

[보기]			
	고생 끝에 낙이 온다	가는 날이 장날이다	가는 말이 고와야 오는 말이 곱다
	발 없는 말이 천리 간다	꼬리가 길면 밟힌다	윗물이 맑아야 아랫물이 맑다

❶ 가 : 저 아이는 항상 신호등을 무시하고 길을 건너가네요.

나 : 윗물이 맑아야 아랫물이 맑다고 ~~는다고/ㄴ다고/다고~~ 아이 아버지도 항상 신호를 무시하더군요. 아이들은 부모 행동을 보고 배우잖아요.

❷ 가 : 너, 그 사람하고 사귄다는 이야기가 벌써 학교 전체에 퍼졌던데 사실이야?

나 : ______________________ 는다고/ㄴ다고/다고 하더니 벌써 소문이 났구나. 친구한테 비밀로 해 달라고 그렇게 부탁했는데…….

❸ 가 : 어제 백화점에서 마음이 드는 옷을 사셨어요?

나 : 웬걸요, ______________________ 는다고/ㄴ다고/다고 어제가 백화점 정기휴일이었지 뭐예요.

❹ 가 : 옆집 부부가 그렇게 고생하면서 돈을 모으더니 마침내 집도 사고 가게도 차렸어요.

나 : 잘 됐군요, ______________________ 는다고/ㄴ다고/다고 이제 좋은 일만 있겠네요.

❺ 가 : 지난 1년 동안 동네에서 계속 일어난 도난 사건의 범인이 결국 감시 카메라를 통해 잡혔대요.

나 : ______________________ 는다고/ㄴ다고/다고 계속 도둑질을 하더니 결국 잡혔군요.

❻ 가 : 요즘 직장 여직원이 나를 대하는 태도가 쌀쌀한데 왜 그런지 모르겠어.

나 : ______________________ 는다고/ㄴ다고/다고 평소에 네가 여직원에게 반말을 쓰니까 그렇지.

6과 4항

어휘

1. 다음 [보기]에서 알맞은 말을 골라 빈 칸에 쓰십시오.

[보기] 상식 일어나다 빠트리다 일과

아침에 눈을 뜨면 인터넷에 접속하는 것으로 하루 ❶ 일과 ~~을/~~를 시작한다. 하루라도 인터넷을 보지 않으면 뭔가를 ❷ ________ 는/은/ㄴ 것처럼 마음이 불안하다. 내가 먼저 보는 것은 신문 사이트인데, 신문 기사를 보면 어제 무슨 일이 ❸ ________ 었는지/았는지/였는지 알 수 있다. 또 신문 사이트를 꼼꼼히 보면 경제와 정치뿐만 아니라 생활, 건강 정보도 얻을 수 있어서 ❹ ________ 이/가 풍부해지는 것 같다. 인기 검색 기사들을 보면 호기심을 만족시킬 수 있는 가벼운 연예 정보나 흥미 있는 기사거리들도 많다.

2. 다음 [보기]에서 알맞은 말을 골라 빈 칸에 쓰십시오.

[보기] 머리기사 사회면 독자투고 사설 만평 인사동정

❶ 기사를 읽지 않고 만화로 간단하게 오늘 뉴스에 대한 신문의 비평을 알고 싶다. (만평)

❷ 사회에서 일어난 각종 사고와 사건들을 알고 싶다. ( )

❸ 그 날의 가장 중요한 뉴스가 무엇인지 알고 싶다. ( )

❹ 요즘 사회 문제에 대한 그 신문의 생각이나 의견을 알고 싶다. ( )

❺ 유명한 작가나 대기업 회장의 최근 활동 소식을 알고 싶다. ( )

❻ 이번 환경 오염 대책에 대한 나의 생각과 의견을 신문에 싣고 싶다. ( )

문법

-는가 하면

3. 다음 문장을 완성하십시오.

자동차로 출근하는 사람	버스로 출근하는 사람
빵을 먹는 사람	밥을 먹는 사람
비행기 창가 쪽 좌석을 좋아하는 사람	비행기 복도 쪽 좌석을 좋아하는 사람
인터넷 뱅킹을 이용하는 사람	은행에 직접 가는 사람
세금을 더 많이 내야 한다고 주장하는 사람	세금을 덜 내야 한다고 주장하는 사람
이번 정부 정책에 찬성하는 사람	이번 정부 정책에 반대하는 사람

❶ 어떤 사람은 자동차로 출근하는가 ~~는가/은가/ㄴ가~~ 하면 어떤 사람은 버스로 출근해요 .

❷ 아침에 ______________ 는가/은가/ㄴ가 하면 밥을 먹는 사람도 있어요.

❸ ______________ 는가/은가/ㄴ가 하면 ______________

❹ ______________ 는가/은가/ㄴ가 하면 ______________

❺ ______________ 는가/은가/ㄴ가 하면 ______________

❻ ______________ 는가/은가/ㄴ가 하면 ______________

4. '-는가 하면'을 사용해 다음 대화를 완성하십시오.

❶ 가 : 대학생들은 모두 기숙사에서 살아요?
나 : 아니요, 기숙사에서 사는 학생이 있는가 ~~는가/은가/ㄴ가~~ 하면 하숙이나 자취 생활을 하는 학생도 있어요.

❷ 가 : 요즘에는 한국 대학생들이 대부분 대학원에 가는 것 같아요.
나 : 꼭 그렇지는 않아요. 어떤 학생들은 ______________ 는가/은가/ㄴ가 하면 어떤 학생들은 대학 졸업 후 바로 취업을 해요.

❸ 가 : 한국 사람들은 아르바이트나 취업 정보를 어떻게 구해요?
나 : ______________ 는가/은가/ㄴ가 하면 신문 구인 광고를 살펴보는 사람도 있어요.

❹ 가 : 이번에 환율 변동으로 이익을 본 회사들이 많을 것 같은데요.
나 : 환율 변동으로 ______________ 는가/은가/ㄴ가 하면 ______________

❺ 가 : 한국 사람들은 단독 주택보다 아파트를 좋아하는 편이에요?
나 : ______________

❻ 가 : 요즘에도 한국에서는 장남이 부모님을 모시고 살아요?
나 : ______________

-는 게 틀림없다

5. 다음 문장을 완성하십시오.

❶ 두 사람의 표정이 안 좋은 데다가 서로 말도 하지 않을 걸 보니 어제 싸운 ~~는/~~ ~~은/ㄴ~~ 게 틀림없다.

❷ 아이가 밥을 먹지 않고 계속 우는 걸 보니 ________ 는/은/ㄴ 게 틀림없다.

❸ 여권을 분명히 학교에 가지고 갔는데 지금 집에 와서 보니 없다. 여권을 학교에 ________ 는/은/ㄴ 게 틀림없다.

❹ 평소에 친절하신 과장님이 오늘따라 말이 없다. 어제 내가 실수로 한 말 때문에 ________ 는/은/ㄴ 게 틀림없다.

❺ 영수가 하루 종일 말도 하지 않고 힘이 없어 보인다. ________ 는/은/ㄴ 게 틀림없다.

❻ 어제 왜 약속을 안 지켰냐는 내 말에 친구가 자꾸 이상한 변명을 하며 얼굴까지 빨개지는 걸 보니 ________ 는/은/ㄴ 게 틀림없다.

6. '-는 게 틀림없다'를 사용해 다음 문장을 완성하십시오.

> 지난 10월 7일 A회사 건물 3층에 화재가 발생했다. 다행히 불은 1시간 만에 꺼졌고 인명 피해는 없었다. 경찰에 따르면 3층 사무실의 창문이 부숴지지 않았고 문이 열린 상태였으며 도난 경보기는 전원이 꺼져 있었다고 한다. 또한 사무실 금고 안의 돈이 그대로 있었고 회사의 중요한 정보가 든 서류 중 일부만 없어진 상태였다고 한다. 목격자에 따르면 화재가 나기 전에 회사 직원으로 보이는 한 사람이 사무실에 들어갔다고 한다. 한편 당일 야근 담당이었던 직원 김 모 씨는 "차가 막혔기 때문에 평소보다 늦게 사무실에 도착했고 불이 난 것을 발견하자마자 사무실 전화로 바로 경찰에 연락을 했다."고 말했다.

❶ "건물 3층에서 화재가 발생한 걸 보니 누군가 3층에 있었던 게 틀림없습니다."

❷ "창문이 부숴지지 않았고 문이 열려 있는 걸 보면 ________"

❸ "도난 경보기 전원이 꺼진 걸 보면 ________"

❹ "사무실에 돈이 그대로 남아 있는 걸 보면 ________"

❺ "사건 당일 사무실에 들어간 사람은 ________"

❻ "김 모 씨는 사무실에 들어가서 전화를 했다고 했지만 사무실 내부는 불 탄 상태여서 전화 통화가 불가능했습니다. 따라서 ________"

YONSEI KOREAN WORKBOOK 4

6과 5항

듣기 연습

CD : 06

※ 다음 찬반 토론을 듣고 질문에 답하십시오.

1. 무엇에 대한 찬반 토론입니까?

❶ 신문 구독률 저하 문제
❷ 인터넷 포털 사이트의 활용 방안 문제
❸ 신문 광고와 구독률 간의 관계
❹ 인터넷 포털 사이트의 신문 기사 제공 문제

2. '인터넷 포털 사이트의 신문 기사 제공 서비스'에 찬성하는 의견이면 '찬성', 반대하는 의견이면 '반대'라고 쓰십시오.

❶ 인터넷 포털 사이트 때문에 신문의 구독률이 떨어진다. (　　　)
❷ 바쁜 현대인들은 정보를 얻을 시간이 부족하다. (　　　)
❸ 신문사의 수입이 줄게 되면 신문의 광고 면이 많아질 수밖에 없다. (　　　)
❹ 인터넷 사이트에서 인기 있는 신문 기사를 읽다가 보면 그 신문을 구독할 수 있다. (　　　)

3. 박 기자가 말한 '인터넷 신문 기사 제공'으로 인해 생기는 문제는 무엇입니까?

❶ ....
❷ ....
❸ ....

읽기 연습

※ 다음을 읽고 질문에 답하십시오.

세계 신문 포럼에서 신문의 미래에 대한 설문을 한 결과 응답자의 85%가 신문 산업의 미래가 낙관적이라고 대답하였습니다. 디지털 시대에 쇠퇴할 것 같은 신문 산업에 기대가 큰 이유는 무엇일까요?

첫 번째 이유는 신문이 더 많은 정보를 보고 싶어하는 사람들의 욕구를 만족시켜 준다는 점입니다. 세상이 빠른 속도로 변하다 보니 사람들은 더 많은 양의 뉴스를 원하게 되는데 신문은 전문 뉴스 사이트를 사 들여서 보다 많은 뉴스를 전하고 있습니다.

둘째, 신문은 질 높은 정보를 원하는 사람들의 요구를 만족시켜 줍니다. 사람들은 인터넷에 떠도는 가벼운 흥미 위주의 기사 대신, 보다 전문적이고 깊이 있는 정보를 얻고 싶어합니다. 신문은 전문가 칼럼과 분석 보도를 통해 질 높은 정보를 전할 수 있습니다.

셋째, 멀티미디어 시대에 맞게, 인터넷뿐만 아니라 휴대 전화, DMB 등을 통해 언제든지 뉴스, 날씨 정보 등을 알 수 있습니다. 뉴욕 타임즈는 기사를 오디오 파일로 바꾸어 MP3로 들을 수 있는 시스템을 개발하여 읽는 신문뿐 아니라 '듣는 신문'의 기능을 갖추었습니다.

이처럼 끊임없는 노력과 기술 개발로 신문은 디지털 시대에도 지식과 정보의 강자가 될 수 있을 것입니다.

1. 위 글은 무엇에 대한 글입니까? (　　　　)

❶ 신문과 인터넷의 차이점
❷ 신문 산업의 역사
❸ 신문 산업의 특징과 문제점
❹ 신문 산업의 성과와 미래

2. 뉴욕 타임즈가 개발한 '듣는 신문'의 기능은 어떤 것인지 쓰십시오.

3. 신문 산업의 미래를 낙관적이라고 생각하는 이유는 무엇입니까? 세 가지를 쓰십시오.

❶ ....

❷ ....

❸ ....

말하기 • 쓰기 연습

1. 배운 문법을 사용해 친구에게 질문하고 대답하십시오.

질문	친구 1	친구 2
❶ 반 친구들에 비해서 자신의 한국어 실력이 어떤지 말해 보십시오. 또 친구들의 외국어 실력을 말해 보십시오. (–는 축에 들다, 마치 –는 것처럼)		
❷ 친구들과 주말에 같이 가고 싶은 곳을 정하고 교통편, 먹을 음식 등의 계획을 세워 보십시오. (–든 –든)		
❸ 친구의 고민을 들어 보고 속담, 사자 성어를 이용해 조언을 해 주십시오. (–는다고, 이라고)		
❹ 현대인들의 건강 관리, 취미, 여가 활동에 대해서 이야기해 보십시오. (–는가 하면, –만으로는)		

2. 다음 글을 읽고 자신의 생각을 쓰고 친구와 이야기해 보십시오.

이번에 국회에서 인터넷 포털 사이트의 신문 기사 제공을 규제하는 새 법안을 만들 예정이라고 합니다. 시민을 대상으로 한 설문 조사에 따르면 인터넷으로 신문을 보는 사람이 67%, 포털 사이트의 신문 기사 제공으로 인한 댓글이 개인의 명예 훼손의 원인이라고 생각하는 사람이 51%로 나타났기 때문이라고 합니다. 하지만 인터넷 포털 사이트의 신문 기사 제공을 법으로 규제하는 것은 '표현의 자유'를 제한하는 것입니다. 인터넷의 기능은 다양한 대중 매체의 정보를 제공하고, 네티즌들이 여러 정보와 정책에 대한 의견을 자유롭게 표현할 수 있도록 하는 것입니다. 따라서 인터넷 포털 사이트의 신문 기사 제공을 규제하는 것은 잘못된 것입니다.

속담 1

1. 금강산도 식후경

무엇보다도 먹는 것이 우선이고 배가 불러야 뭐든지 제대로 할 수 있다는 뜻

- 금강산도 식후경이라고 밥부터 먹고 이삿짐을 정리하자.

2. 세 살 적 버릇 여든까지 간다

어렸을 때 버릇이 커서도 계속된다는 뜻

- 세 살 적 버릇이 여든까지 간다고 나쁜 버릇은 일찍 고쳐야 한다.

3. 그림의 떡

아무리 원해도 가질 수 없다는 뜻

- 성적이 안 좋아서 장학금은 나한테는 그림의 떡이야.

4. 누워서 떡 먹기

어떤 일이 아주 쉽다는 뜻

- 이런 문제를 푸는 일은 나한테는 누워서 떡먹기야.

5. 떡 줄 놈은 생각지도 않는데 김칫국부터 마신다

다른 사람은 그럴 생각도 없는데 그 사람한테 기대를 할 때 쓰는 말

- 떡 줄 놈은 생각지도 않는데 김칫국부터 마신다고 나한테 물어보지도 않고 내 친구가 아침 9시까지 와서 이사를 도와달라고 했다.

6. 원숭이도 나무에서 떨어질 때가 있다

아무리 잘 하는 사람이라도 실수할 때가 있다는 뜻

- 원숭이도 나무에서 떨어질 때가 있다고 날마다 시험에서 100점만 받던 친구가 실수로 한 개 틀렸다.

7. 고래 싸움에 새우 등 터진다

강한 두 세력 사이에서 약한 존재가 불이익을 받을 때 쓰는 말

- 고래 싸움에 새우 등 터진다고 두 백화점의 경쟁으로 그 동네 슈퍼마켓이 피해를 입었다.

8. 믿는 도끼에 발등 찍힌다

믿었던 사람한테 배신을 당했을 때 쓰는 말

- 직원한테 기술을 가르쳐 줬는데 그 기술을 다른 회사로 가져가서 쓰다니 믿는 도끼에 발등 찍혔다.

9. 아니 땐 굴뚝에 연기 나랴

어떤 소문이 퍼질 때는 그럴 만한 이유가 있다는 뜻

- 연예인들은 자신들에 대한 열애설이 나올 때마다 강하게 부인하지만 아니 땐 굴뚝에 연기 나겠어요?

10. 배보다 배꼽이 크다

주된 목적으로 쓴 돈보다 그에 딸린 부수적인 것으로 돈을 더 많이 썼을 때 쓰는 말

- 배보다 배꼽이 크다고 5만 원 짜리 치마에 어울리는 모자를 샀는데 모자 값은 10만 원이었다.

속담 1 연습

1. 가 : 미영 씨가 이것을 한국말로 번역할 수 있을까요?

나 : 물론이죠. 미영 씨는 일본에서 오래 산 데다가 경험도 많으니 이런 일은 미영 씨에게 ....일 거예요.

2. 가 : 너는 날마다 그렇게 늦잠만 자서 어떡하니? 회사에 취직한 후에도 늦잠 잘래?

나 : 그 때 가면 안 그렇겠죠, 뭐.

가 : ....는다고/ㄴ다고/다고 내일부터 조금씩 일찍 일어나는 연습 좀 해.

3. 가 : 어서 점심 먹으러 가자.

나 : 오늘 입학했는데 학교 구경부터 하고 먹자.

가 : ....는다고/ㄴ다고/다고 밥부터 먹어야 제대로 구경하지.

4. 가 : 컴퓨터 전문가이신 김 선생님이 큰 실수를 하셨어요.

나 : ....는다고/ㄴ다고/다고 그럴 수도 있지요.

5. 가 : 어제 남대문 시장에 갔다가 가방이 너무 싸서 친구 생일 선물로 미국에 부쳤어요. 그런데 가방은 3만 원 짜리인데 소포 값이 5만원 들었어요.

나 : ....군요.

6. 가 : 올해는 임금을 인상하지 않겠다던데 사실이에요?

나 : 그럴 리가요? 연초에 사장님이 직원들 앞에서 월급을 인상해주기로 약속했잖아요.

가 : ....겠어요? 직원들 사이에서 소문이 파다해요.

7. 가 : 다음 주말에 친구들과 동해안 여행을 가기로 했어. 물론 언니 자동차를 가지고.

나 : 얘는, ...는다고/ㄴ다고/다고 언제 내가 차를 빌려준다고 했니?

8. 가 : 영수 엄마는 옆집에 사는 아줌마와 친하게 지내서 큰돈을 빌려 줬는데, 그 아줌마가 돈을 가지고 도망갔대.

나 : ....었네/았네/였네.

9. 가 : 저 마네킹이 입은 옷이 예쁘지 않아?

나 : 예쁘긴 한데 너무 비싸서 ______________________ 이네/네.

10. 가 : 엄마가 아빠하고 싸움을 크게 하신 후로 나한테 용돈을 안 주셔.

나 : 그래? 완전히 ______________________ 은/ㄴ 거네.

제 7 과 미신

7과 1항

어휘

1. 다음 [보기]에서 알맞은 말을 골라 빈 칸에 쓰십시오.

[보기] 중계방송 결승전 응원 부상 출전 운

오늘 드디어 한국 팀과 일본 팀의 아시아 축구 경기 ❶ 결승전 이/~~가~~ 열립니다. 양국 국민들의 열띤 ❷ ________ 속에서 열리게 될 이번 경기에는 한국 팀의 박순영 선수가 ❸ ________ 으로/로 인해 ❹ ________ 을/를 못하게 되었다고 합니다. 오늘 과연 어느 팀에게 ❺ ________ 이/가 따라줄까요? 이 경기는 YBC가 단독으로 ❻ ________ 할 예정입니다.

2. 다음 [보기]에서 알맞은 말을 골라 빈 칸에 쓰십시오.

[보기] 복 불행 운수 재수 행운

❶ 가 : 오늘 우리 가게의 과일이 해가 지기도 전에 다 팔렸어요.
나 : 그래요? 운수 ~~이~~/가 좋은 날이네요.

❷ 가 : 내 친구가 다른 사람들을 잘 도와주더니 복권에 당첨됐어.
나 : 착한 일을 하면 ________ 을/를 받는 법이잖아.

❸ 가 : 오늘 지갑도 잃어버리고 집에 오다가 미끄러져서 넘어졌어.
나 : 그렇게 ________ 이/가 없는 일이 두 번이나 생기다니…….

❹ 가 : 그동안 정들었는데 이렇게 헤어지다니 정말 섭섭하네요.
나 : 앞으로 하시는 모든 일에 ________ 이/가 있기를 바래요.

❺ 가 : 교통사고가 났는데 크게 다치지는 않았어요.
나 : 큰일 날 뻔 했군요. 정말 ________ 중 다행이에요.

문법

따라

3. 다음을 보고 문장을 완성하십시오.

지난 주말	모처럼 가족들과 외식을 하러 갔는데 식당에 자리가 없었다.
지난 수요일	보통 평일에는 미용실에 사람이 없었는데 사람이 많았다.
지난 토요일	보통 주말 오전에는 차가 많이 막히지 않았는데 차가 많이 막혔다.
오늘 아침	보통 출퇴근 시간에는 3분마다 버스가 오는데 한참을 기다려도 버스가 안 왔다.
오늘	회사일이 많아서 정신없이 바쁜데 전화까지 많이 걸려 온다.
오늘 저녁	요즘 저녁에 술 먹자고 하는 사람이 없었는데 오늘 한잔하자는 사람이 많았다.

❶ 지난 주말에 모처럼 가족들과 외식을 하러 나갔는데 그 날 따라 식당에 자리가 없었다.

❷ 지난 수요일에 미용실에 갔는데 ________ 따라 ________

❸ 지난 토요일에 차를 갖고 나갔는데 ________ 따라 ________

❹ 아침에 버스가 자주 오는데 ________ 따라 ________

❺ 회사일로 정신없이 바쁜데 ________ 따라 ________

❻ 요즘 저녁에 술 먹자고 하는 사람이 없었는데 ________ 따라 ________

4. '따라'를 사용해 다음 대화를 완성하십시오.

❶ 가 : 왜 이렇게 자장면 배달이 늦었어요?
나 : 죄송합니다. 오늘 따라 주문이 많아서요.

❷ 가 : 약속 시간이 다 돼 가는데 택시가 안 잡히네요.
나 : 여기는 택시가 잘 잡히는 곳인데 오늘따라 ________

❸ 가 : 지난주에 열렸던 축구 결승전에서 져서 너무 아까웠어요.
나 : 네, ________ 따라 ________

❹ 가 : 지난주에 회사 설명회를 했다던데 발표를 잘 하셨어요?
나 : 아니요, ________ 따라 ________

❺ 가 : 선생님, 수업이 1시에 끝나는데 교실에서 늦게 나오셨네요.
나 : ________

❻ 가 : 지난 일요일에 송별회에 온다고 하시더니 왜 안 왔어요?
나 : ________

-을걸 그랬다

5. 다음 글을 읽고 문장을 완성하십시오.

오늘은 회사 면접시험이 있는 날이다. ❶ **지하철을 탔더라면 안 늦었을 텐데 택시를 탔더니 차가 너무 밀려서 한 10분 정도 늦었다.** 면접을 보러 온 사람들을 보니까 다들 정장 차림을 하고 왔다. ❷ **나도 정장을 입었더라면 더 좋은 인상을 줄지도 모른다는 생각이 들었다.** 시험장에 들어가기 전에 너무 긴장돼서 ❸ **친구라도 데리고 왔으면 좋았을 거라는 생각도 들었다.** 면접관이 영어로 질문하는데 나만 대답을 잘 못했다. ❹ **영어 공부를 열심히 하지 않은 것이 후회가 됐다.** 또 ❺ **목소리도 너무 작았던 것 같아서 자신 없는 모습을 보였을까 봐 걱정된다.** 그리고 ❻ **이 회사에 대한 정보도 더 많이 알아두었더라면 더 좋은 점수를 받았을 것 같다.**

❶ 지하철을 탈걸 ~~을/ㄹ걸~~ 그랬어요.

❷ .... 을/ㄹ걸 그랬어요.

❸ .... 을/ㄹ걸 그랬어요.

❹ .... 을/ㄹ걸 그랬어요.

❺ .... 을/ㄹ걸 그랬어요.

❻ .... 을/ㄹ걸 그랬어요.

6. '-을걸 그랬다'를 사용해 다음 문장을 완성하십시오.

❶ 짐이 너무 많아서 옮기기가 힘들겠군요. 차를 가지고 올걸 ~~을/ㄹ걸~~ 그랬어요.

❷ 영수 씨가 무슨 오해를 했는지 제가 한 농담에 기분이 상한 것 같았어요. .... 을/ㄹ걸 그랬어요.

❸ 미선 씨의 부탁을 들어준다고 말은 했는데 좀 부담이 되네요. .... 을/ㄹ걸 그랬어요.

❹ 어제 사물놀이 공연이 아주 흥겨웠다면서요? .... 을/ㄹ걸 그랬어요.

❺ 전공이 제 적성에 안 맞는 것 같아요. ....

❻ 내일 김장하려고 배추를 샀는데 값이 많이 올랐던데요. ....

7과 2항

어휘

1. 다음 [보기]에서 알맞은 말을 골라 빈 칸에 쓰십시오.

[보기] 미신 뒤떨어지다 과학적 근거 신경 쓰다

❶ 다른 사람에게 (뒤떨어지)지 않도록 열심히 노력하세요.

❷ 거울을 깨면 재수 없는 일이 생길 거라는 ( )을/를 믿는 사람들이 많다.

❸ 자신의 의견을 주장할 때는 그것을 뒷받침하기 위한 ( )을/를 내놓아야 한다.

❹ 운동 경기에서 자기가 한 실수에 대해 너무 ( )다가 보면 경기를 망칠 수가 있다.

❺ 인간은 언어를 학습할 수 있는 선천적인 능력을 가지고 태어난다는 사실이 ( )으로/로 증명되었다.

2. 다음 [보기]에서 알맞은 단어를 골라 빈 칸에 쓰십시오.

[보기] 비과학적 신 귀신 금기 민간신앙

옛날부터 사람들은 돌, 나무 같은 자연이나 동물을 ❶ 신 으로/~~로~~ 생각하고 믿는 ❷ ______ 을/를 가지고 있었다. 그리고 색깔이 붉은 팥죽을 먹으면 무서운 ❸ ______ 을/를 쫓아버릴 수 있다고 믿기도 하고 빨간색으로 이름을 쓰면 사람이 죽는다고 하여 이런 행동을 ❹ ______ 하고 있다. 이것들은 모두 ❺ ______ 인 미신이지만 사람들 사이에서 오랫동안 지켜져 오고 있다.

문법

-는다더라

3. 다음 그림을 보고 대화를 완성하십시오.

❶ 가 : 우리 팀이 결승전에서 이겼다더라 ~~는다더라/ㄴ다더라/다더라~~.

나 : 그래? 몇 대 몇으로 이겼대?

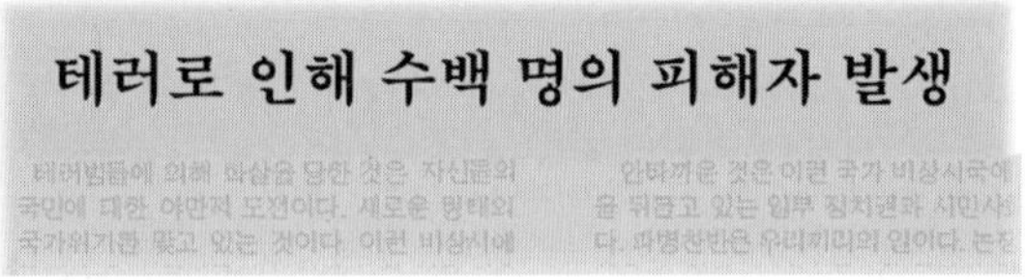

❷ 가 : ______________________ 는다더라/ㄴ다더라/다더라.

나 : 그래요? 무슨 테러가 일어났는데요?

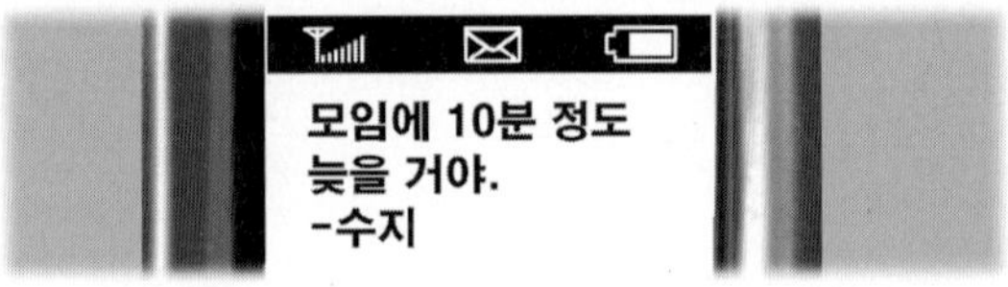

❸ 가 : ______________________ 는다더라/ㄴ다더라/다더라.

나 : 그래? 연말이라 바쁜가 보지?

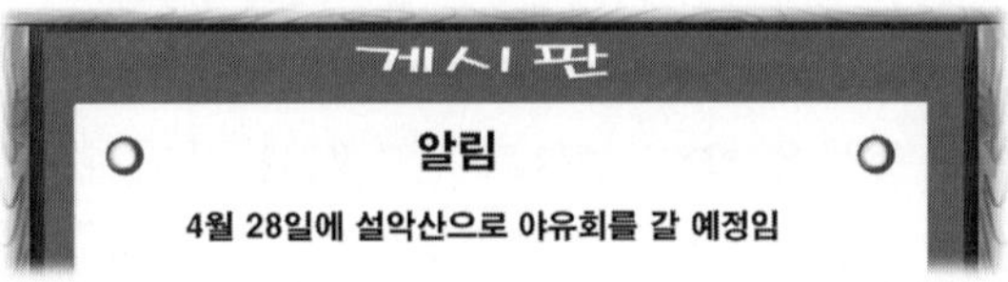

❹ 가 : ______________________ 는다더라/ㄴ다더라/다더라.

나 : 그래요? 선배는 갈 거예요?

❺ 가 : ______________________ 는다더라/ㄴ다더라/다더라.

나 : 그래요? 우리 같이 가 볼까요?

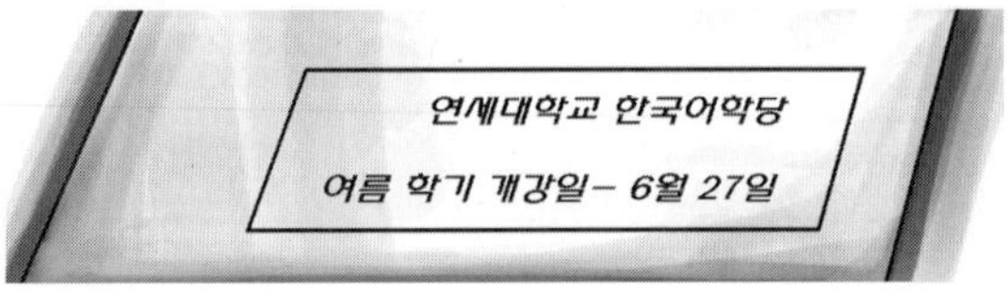

❻ 가 : ______________________ 는다더라/ㄴ다더라/다더라.

나 : 얼마 안 남았네요. 고향에 가는 것은 포기해야겠어요.

4. '-는다더라/ㄴ다더라/다더라'를 사용해 다음 대화를 완성하십시오.

❶ 가 : 미선 씨는 요즘 어떻게 지낸대요? 소식 들으셨어요?
나 : 얼마 전에 회사를 옮겼다더라 ~~는다더라/ㄴ다더라/다더라~~.

❷ 가 : 영수 씨가 교통사고를 당했다면서요? 그 얘기를 듣고 깜짝 놀랐어요.
나 : ________________ 는다더라/ㄴ다더라/다더라.

❸ 가 : 요즘 위염 때문에 약을 먹고 있는데 무슨 음식이 위염에 좋아?
나 : ________________ 는다더라/ㄴ다더라/다더라.

❹ 가 : 내가 좋아하는 김정훈 선수가 이번 경기에 출전할까?
나 : ________________ 는다더라/ㄴ다더라/다더라.

❺ 가 : 단독 주택이 살기 좋을까? 아파트가 살기 좋을까?
나 : ________________

❻ 가 : 중부 지방에 폭설이 내렸다던데 피해가 어느 정도래요?
나 : ________________

-네 -네 해도

5. 다음에 대해 설문 조사한 결과를 보고 문장을 완성하십시오.

❶ 국제결혼

"문화가 달라서 서로 이해를 못해요."	32명
"가족과 떨어져 살아서 외로워요."	28명
기타	40명

문화가 달라서 서로 이해를 못하 네 가족과 떨어져 살아서 외롭 네 해도 사랑만 있다면 문제가 없을 것 같아요.

❷ 커피

"커피를 마시면 잠이 안 와요."	41명
"건강에 안 좋아요."	52명
기타	7명

.... 네 .... 네 해도 다들 커피를 마셔요.

❸ 학생 식당

"서비스가 나빠요."	27명
"줄을 오래 서야 돼요."	55명
기타	18명

.... 네 .... 네 해도 가깝고 싸니까 다들 학생 식당으로 가요.

❹ 가수 김수연 씨

"춤을 잘 못 춰요."	33명
"감정 표현을 잘 못해요."	29명
기타	38명

.... 네 .... 네 해도 저는 김수연 씨가 가창력이 있어서 좋아요.

❺ 신촌

"교통이 복잡해요."	26명
"술집이 많아서 시끄러워요."	41명
기타	33명

.... 네 .... 네 해도 저는 신촌에 정이 들어서 신촌에서 살고 싶어요.

❻ 영화 '○○○'

"배우가 연기를 못해요."	38명
"내용이 비현실적이에요."	31명
기타	31명

.... 네 .... 네 해도 저는 그 영화가 재미있어서 보라고 권하고 싶어요.

6. '–네 –네 해도'를 사용해 다음 대화를 완성하십시오.

❶ 가 : 어려운 일이 생길 때 다른 사람은 안 도와줘도 형제들은 도와주는 것 같아요.
나 : 밉 네 곱 네 해도 역시 자기 형제밖에 없어요.

❷ 가 : 이번 6급 졸업 여행에 반 전원이 간다더라.
나 : ______ 네 ______ 네 해도 다들 가는군요.

❸ 가: 영수 씨는 신이 없다고 하더니 하는 일이 잘 안 되니까 신을 믿는 것 같아요.
나 : ______ 네 ______ 네 해도 ______

❹ 가 : 최근 들어 인터넷 쇼핑 이용률이 급증했다더라.
나 : ______ 네 ______ 네 해도 ______

❺ 가 : 우리 누나가 맞벌이를 하다가 둘째 아이를 낳고 직장을 그만두었어.
나 : ______

❻ 가 : 흡연 피해의 심각성을 알리고 금연 캠페인까지 벌였는데도 흡연율이 줄지 않아요.
나 : ______

YONSEI KOREAN WORKBOOK 4

7과 3항

어휘

1. 다음 [보기]에서 알맞은 말을 골라 빈 칸에 쓰십시오.

[보기] 사주 운명 더러 재물 사업 설마

❶ (재물) 운이 있는 사람은 가만히 있어도 돈이 생긴다.

❷ 사람들이 나( ) 외향적이라고 하지만 사실은 내성적인 면이 많다.

❸ 정직하기로 소문난 김 부장님이 ( ) 그런 거짓말을 했겠어?

❹ ( )이/가 정해진 것이라고 믿고 점을 보러 가는 사람들이 있다.

❺ 비과학적이네 시대에 뒤떨어지네 해도 ( )을/를 보는 사람은 여전히 많다.

❻ 영수 씨는 불경기로 인해 하던 ( )이/가 안 돼서 그만두고 다른 일을 찾기로 했다.

2. 다음 [보기]에서 알맞은 말을 골라 빈 칸에 쓰십시오.

[보기] 사망 임신 진학 출산 출생 취업

김영선 씨는 1973년 부산에서 ❶ 출생 하여 초, 중, 고등학교 시절을 계속 그곳에서 보냈다. 그러다가 서울에 있는 대학교에 ❷ ______ 하게 되어 그 후 서울에서 살게 되었다. 그러던 중 아버지가 교통사고로 ❸ ______ 하여 집안 사정이 어려워져서 대학을 중퇴하고 ❹ ______ 을/를 했다. 직장에서 지금의 남편을 만나 결혼하게 됐다. 결혼한 지 3개월 만에 ❺ ______ 을/를 하게 돼서 첫 아들 ❻ ______ 와/과 동시에 다니던 회사를 그만두었다. 평범한 주부로 생활하던 김영선 씨는 뒤늦게 작가의 길에 들어서게 되었다.

문법

–는 김에

3. 다음 상황에 맞게 문장을 완성하십시오.

❶ 가족들이 다 모이기가 어려운데 오랜만에 가족들이 모여서 사진을 찍었다.

가족들이 다 모인 ~~는/은/ㄴ~~ 김에 가족 사진을 찍었다.

❷ 내 우산만 사려고 백화점에 갔는데 너무 싸게 팔아서 어머니 것도 하나 샀다.

………………… 는/은/ㄴ 김에 어머니 것도 하나 샀다.

❸ 복사하러 가는데 친구가 부탁해서 친구 것도 복사했다.

………………… 는/은/ㄴ 김에 친구 것도 복사했다.

❹ 은행에 볼 일을 보러 왔다가 환전도 했다.

………………… 는/은/ㄴ 김에 …………………

❺ 슈퍼에 라면만 사러 갔는데 또 오기가 귀찮을 것 같아서 음료수도 미리 샀다.

………………… 는/은/ㄴ 김에 …………………

❻ 청소를 하다가 유리창도 같이 닦으면 좋겠다고 생각해서 유리창도 닦았다.

………………… 는/은/ㄴ 김에 …………………

4. '–는 김에'를 사용해 다음 대화를 완성하십시오.

❶ 가 : 어제 개봉한 영화 '영원한 사랑'이 볼 만하다더라.
나 : 그래? 말이 나온 ~~는/은/ㄴ~~ 김에 지금 인터넷으로 예매하자.

❷ 가 : 아무 연락도 없이 웬일이세요?
나 : ………………… 는/은/ㄴ 김에 잠깐 들렀어요.

❸ 가 : 과자를 사러 매점에 가는 길인데 부탁할 거 없어요?
나 : 그럼 ………………… 는/은/ㄴ 김에 …………………

❹ 가 : 택배로 보내주셔도 되는데 직접 가지고 오셨어요?
나 : .... 는/은/ㄴ 김에 ....

❺ 가 : 웬 쇼핑을 이렇게 많이 하셨어요? 짐이 한 가득이네요.
나 : ....

❻ 가 : 화장실만 수리한다고 하시더니 부엌까지 수리하셨네요.
나 : ....

설마 –는 건 아니겠지요?

5. 다음 상황에 맞게 문장을 완성하십시오.

❶ 도둑이 남의 집에서 물건을 훔치고 있는데 주인이 들어올까 봐 걱정된다.

"설마 ......주인이 들어오는...... ~~는/은/ㄴ~~ 건 아니겠지?"

❷ 세탁기를 수리해야 되는데 수리비가 많이 나올까 봐 걱정된다.

"설마 .... 는/은/ㄴ 건 아니겠지?"

❸ 판매자가 소비자와 말다툼을 하고 나서 소비자가 자기를 고발할까 봐 걱정한다.

"설마 .... 는/은/ㄴ 건 아니겠지?"

❹ 세입자가 집주인을 만나러 가기 전에 주인이 월세를 올려 달라고 할까 봐 걱정한다.

"설마 .... 는/은/ㄴ 건 아니겠지?"

❺ 머리를 잘라야 하는데 단골 미용실이 오늘 문을 닫았을까 봐 걱정된다.

"설마 .... 는/은/ㄴ 건 아니겠지?"

❻ 어제 산 제품을 환불하고 싶은데 환불을 안 해 줄까 봐 걱정된다.

"설마 .... 는/은/ㄴ 건 아니겠지?"

6. 다음 글을 읽고 '설마 –는 건 아니겠지요?'를 사용해 문장을 만드십시오.

오늘은 친구와 약속이 있었다. 시간 여유가 있어서 ❶ **어제 산 옷을 바꾸러 옷가게에 들렀다.** 마음에 드는 옷이 없어서 환불을 하고 약속 장소로 향했다. ❷ **옷가게에서 일찍 나왔는데도 차가 많이 막혔다.** 30분이나 늦게 약속 장소에 도착했더니 ❸ **친구는 보이지 않았다.** 그런데 조금 후에 친구가 늦어서 미안하다고 말하면서 나타났다. 우리는 영화를 보러 극장에 갔는데 ❹ **줄이 굉장히 길었다.** ❺ **한참 기다려서 표를 사고 자리에 앉았는데 핸드폰이 없었다.** 다행히 친구가 의자 밑에 떨어진 핸드폰을 찾아주었다. 오랜만에 친구와 즐거운 시간을 보내다 보니 어느새 12시가 돼 버렸다. ❻ **지하철이 끊길 시간이 다 돼서 나는 지하철역으로 뛰어갔다.**

❶ 설마 .... 옷을 안 바꿔 주는 .... ~~는/은/ㄴ~~ 건 아니겠지요?

❷ 설마 .... 는/은/ㄴ 건 아니겠지요?

❸ 설마 .... 는/은/ㄴ 건 아니겠지요?

❹ 설마 .... 는/은/ㄴ 건 아니겠지요?

❺ ....

❻ ....

7과 4항

어휘

1. 다음 [보기]에서 알맞은 말을 골라 빈 칸에 쓰십시오.

[보기] 떨리다 상관 길몽 한턱내다 합격

오늘은 대학교 입학시험 날이다. 그런데 아침에 내가 용을 타고 하늘을 나는 꿈을 꿔서 사람들한테 얘기했더니 시험을 잘 볼 ❶ 길몽 이라고/라고 한다. 꿈하고 시험 결과는 전혀 ❷ ________ 이/가 없겠지만 그래도 중요한 시험이어서 무척 ❸ ________ 었는데/았는데/였는데 긴장이 좀 덜해졌다. 시험에 아직 ❹ ________ 하지 않았는데도 꿈 얘기를 들은 친구들은 벌써부터 ❺ ________ 라고 야단이다.

2. 다음 [보기]에서 알맞은 말을 골라 빈 칸에 쓰십시오.

[보기] 선잠 숙면 악몽 태몽 해몽 흉몽

❶ 친구가 (악몽)을/를 꿨는지 자다가 벌떡 일어났다.

❷ 보통 돼지꿈은 길몽이고 이가 빠지는 꿈은 ( )이다/다.

❸ 아기가 ( )을/를 잤는지 깨고 나서 짜증을 많이 낸다.

❹ 불을 너무 환하게 켜고 자면 ( )을/를 취할 수 없다고 한다.

❺ 보통 여자들이 임신하면 ( )을/를 꾸는데 우리 어머니는 안 꾸셨다고 한다.

❻ 어제 밤에 내가 꾼 꿈이 하도 이상해서 점쟁이한테 ( )을/를 해 달라고 했다.

문법

–도 –이지만

3. 다음 상황에 맞게 대화를 완성하십시오.

❶ 잃어버린 지갑 속의 돈보다도 신분증과 카드가 들어있어서 더 걱정된다.

가 : 돈을 그렇게 많이 잃어버려서 속상하겠어요.

나 : 돈 도 돈이지만 ~~이지만/지만~~ 신분증과 카드가 들어있어서 더 걱정돼요.

❷ 새로 구한 집이 교통이 좋기도 하지만 주변 환경이 깨끗해서 마음에 든다.

가 : 새로 구하신 집은 교통이 좋다면서요?

나 : ________ 도 ________ 이지만/지만 주변 환경이 깨끗해서 마음에 들어요.

❸ 승진을 하려면 실력도 갖춰야 하지만 운도 따라야 한다고 생각한다.

가 : 승진을 하려면 실력을 갖춰야겠지요?

나 : ________ 도 ________ 이지만/지만 ________

❹ 영화의 내용도 감동적이었지만 배우들이 연기를 잘 해서 인기가 많다.

가 : 어제 우리가 본 영화는 내용이 참 감동적이었지?

나 : ________ 도 ________ 이지만/지만 ________

❺ 남편의 첫인상도 좋았지만 남을 배려하는 태도에 마음이 더 끌렸다.

가 : 남편분의 첫인상에 끌려서 결혼하셨어요?

나 : ________ 도 ________ 이지만/지만 ________

❻ 혈압이 높은 것도 걱정되지만 두통이 더 견디기가 어렵다.

가 : 혈압이 높으신데 평소에 건강에 문제가 없었어요?

나 : ________ 도 ________ 이지만/지만 ________

4. '-도 -이지만'을 사용해 다음 대화를 완성하십시오.

❶ 가 : 그림을 잘 그리려면 관찰력이 있어야겠지요?
나 : 관찰력 도 관찰력이지만 ~~이지만/지만~~ 상상력이 뛰어나야 해요.

❷ 가 : 교통 위반을 한번 하면 벌금이 보통 몇 만원은 나온다더라.
나 : ________ 도 ________ 이지만/지만 안전을 위해서 교통 규칙을 지켜야지.

❸ 가 : 지금 다니는 회사 월급이 적다고 하시더니 드디어 직장을 옮기시는군요.
나 : ________ 도 ________ 이지만/지만 ________

❹ 가 : 유기농 식품을 자주 사 드시던데 일반 식품보다 더 맛있나요?
나 : ________ 도 ________ 이지만/지만 ________

❺ 가 : 백화점을 자주 이용하시던데 백화점 물건이 확실히 질이 더 좋지요?
나 : ________

❻ 가 : 영수 씨 부탁을 거절하신 걸 보니 많이 바쁘신가 봐요.
나 : ________

-는다면야

5. 다음 조건 중의 하나를 골라서 대화를 완성하십시오.

❶

시간	장소	날씨

가 : 회사 야유회는 예정대로 가나요?
나 : 비가 오지 않는다면야 ~~는다면야/ㄴ다면야/다면야~~ ________ 가겠지요.

❷

어학 실력	여권 소지	본인의 희망

가 : 사장님, 내일 유럽으로 출장 갈 사람이 필요한데 김영수 씨가 어떨까요?
나 : ________ 는다면야/ㄴ다면야/다면야 출장을 보내지요.

❸

효과	치료비	통증

가 : 그 치료를 받고 병이 나은 사람들이 많다던데 치료를 안 받으세요?
나 : ________ 는다면야/ㄴ다면야/다면야 ________

④

가격	디자인	성능

가 : 우리 회사 제품을 구입하시겠어요?

나 : ______ 는다면야/ㄴ다면야/다면야 ______

⑤

교통	집값	주변 환경

가 : 어떤 하숙집을 소개해 드릴까요?

나 : ______ 는다면야/ㄴ다면야/다면야 ______

⑥

월급	승진 기회	회사 분위기

가 : 어제 입사 설명회 했던 그 회사에 취직하는 건 어때?

나 : ______ 는다면야/ㄴ다면야/다면야 ______

6. '-는다면야'를 사용해 다음 대화를 완성하십시오.

① 가 : 아버지, 제가 1등하면 뭐 해 주실 거예요?

나 : 1등만 한다면야 ~~는다면야/ㄴ다면야/다면야~~ 해 달라는 것을 다 해 주지.

② 가 : 영수 씨의 잘못을 용서 안 하실 생각이세요?

나 : ______ 는다면야/ㄴ다면야/다면야 ______

③ 가 : 이 일에서 성공하려면 온갖 힘든 일을 다 견뎌내야 하는데요.

나 : ______ 는다면야/ㄴ다면야/다면야 ______

④ 가 : 구입한 제품을 교환하려면 배송비를 따로 지불해야 되는데요.

나 : ______ 는다면야/ㄴ다면야/다면야 ______

⑤ 가 : 그 학원은 잘 가르치기는 하는데 집에서 좀 멀어요.

나 : ______

⑥ 가 : 우리 회사는 출장도 자주 가야 되고 일도 많은데 괜찮겠어요?

나 : ______

7과 5항

듣기 연습

CD : 07

※ 다음을 듣고 질문에 답하십시오.

1. 다음 중 정희가 본 사주 내용이 아닌 것은 무엇입니까? (　　　　)

❶ 대체로 복이 많은 편이다.
❷ 결혼은 늦게 하는 것이 좋다.
❸ 노력하지 않아도 재물 운이 따른다.
❹ 정희의 성격에 어울리는 직업은 사업가, 기자, 연예인 같은 직업이다.

2. 정희의 생각은 무엇입니까? (　　　　)

❶ 사주는 시대에 뒤떨어진 미신이다.
❷ 미신은 아무런 과학적 근거가 없다고 생각한다.
❸ 운명을 만들어가는 것은 자기의 노력과 전혀 상관이 없다.
❹ 사람에 따라 정해진 운명이 세상의 모든 일과 상관이 있다.

3. 다음 (　　)안에 들어갈 단어를 쓰십시오.

미선은 정희가 (　　　　　　　　　　) 사고방식을 갖고 있다고 생각한다.

읽기 연습

※ 다음을 읽고 질문에 답하십시오.

오늘의 ㉠ ....

	쥐띠	72년생 싸움이 오래가면 심신이 피곤하니 양보하는 마음을 가져라. 84년생 작은 일에 신경 쓰지 마라.
	소띠	73년생 일이 생겨도 서두르지 말 것. 빨리 한다고 해서 다 잘 하는 것은 아니다. 85년생 너무 열심히 하는 것도 문제다. 너무 욕심을 부리면 안 된다.
	호랑이띠	74년생 복잡하고 시끄러우나 좋은 결과를 낳을 운수이다. 86년생 과거를 돌아보고 현실을 똑바로 보면 명예의 운이 따른다.
	토끼띠	75년생 재물 운이 있으니 주위를 살펴라. 87년생 명예에 대한 지나친 욕심은 버려라.
	용띠	76년생 늘 옆에 있어주는 친구에게 감사의 마음을 가져라. 지혜로운 친구의 충고에 귀 기울일 필요가 있다. 88년생 의욕이 넘치니 자신감이 붙는 날이다.
	뱀띠	77년생 기분도 좋고 하는 일도 잘 된다. 자신감을 가지고 움직이면 된다. 89년생 변화를 할수록 이득이 많이 생긴다. 생각을 바꾸면 인생이 달라진다.
	말띠	78년생 기대가 크면 실망도 큰 법이다. 기대가 크다 보니 사업이 안 풀린다. 90년생 재물은 노력의 대가에서 찾아라.
	양띠	67년생 참고 노력하는 것이 인생이다. 고생 끝에 낙이 온다. 79년생 능력을 발휘하면 결과도 좋아진다.
	원숭이띠	68년생 건강에 신경을 써야 한다. 성공하는 사람은 강한 체력을 갖췄다. 80년생 자기 일이나 열심히 하면 된다. 남의 일에는 관심을 끊어라.
	닭띠	69년생 앞날을 위해서 좋은 계획을 세울 것. 이사, 여행 마음껏 움직일 것. 움직인만큼 얻는 것이 많아진다. 81년생 일에 최선을 다 하면서 진행하라. 새 일을 찾아서 활동하면 좋다.
	개띠	70년생 친구나 동료의 문제로 입을 손해를 조심해라. 어려워도 신용은 끝까지 지켜라. 82년생 과거의 실수는 잊어야 한다.
	돼지띠	71년생 주위 사람의 도움으로 인해 일이 이루어진다. 그렇다고 해서 일을 남에게 미루지 마라. 83년생 고래 싸움에 새우등 터지니 조심해라.

1. ㉠ ________ 에 들어갈 말로 적당한 것은 무엇입니까?

❶ 사주　　❷ 운세
❸ 궁합　　❹ 금기

2. 각 띠의 운세의 내용과 같으면 O표, 다르면 X표 하십시오.

❶ 쥐띠 – 싸움을 중단하기 위해서는 양보를 해야 한다. (　　)

❷ 소띠 – 서둘러서 일을 해결하는 것이 좋다. (　　)

❸ 호랑이띠 – 과거보다는 현실을 더 중요시해야 한다. (　　)

❹ 토끼띠 – 명예 운이 있으니 거기에 신경 써라. (　　)

❺ 용띠 – 지혜로운 친구가 충고하면 잘 들어라. (　　)

❻ 뱀띠 – 이득을 얻으려면 변화하도록 해라. (　　)

❼ 말띠 – 노력하지 않아도 재물 운이 따른다. (　　)

❽ 양띠 – 참고 고생하면 좋은 결과가 있다. (　　)

❾ 원숭이띠 – 강한 체력을 갖춰야 성공할 수 있다. (　　)

❿ 닭띠 – 이사라든가 여행 같은 것은 계획해도 좋다. (　　)

⓫ 개띠 – 실수로 친구나 동료에게 손해를 끼칠 수 있다. (　　)

⓬ 돼지띠 – 주위의 힘이 강한 사람들 때문에 피해를 입을 수 있다. (　　)

말하기 • 쓰기 연습

1. 배운 문법을 사용해 친구에게 질문하고 대답하십시오.

질문	친구 1	친구 2
❶ 운이 나빴던 날이 있었어요? 무슨 일이 있었어요? (-따라, -을걸 그랬어요)		
❷ 요즘에 무슨 새로운 소식이나 중요한 정보가 없어요? (-다더라) 미신에 대해 어떻게 생각하세요? (-네 -네 해도, -도 -이지만)		
❸ 계획한 일이 아니었는데 그냥 한 일이 있었어요? (-는 김에) 뭔가 걱정되는 일이 있어요? 있다면 무엇인가요? (설마 -는 건 아니겠지요?)		
❹ 성공의 조건이 뭐라고 생각하세요? (-는다면야)		

2. 다음 글을 읽고 여러분은 꿈에 대해 어떻게 생각하는지 써 보십시오. 여러분은 어떤 꿈을 많이 꿉니까? 꿈과 관련된 경험을 써 보십시오.

누구나 꿈을 꾼 적이 있을 것입니다. 보통 꿈을 안 꾼다고 하는 사람은 정말로 안 꾸는 것일까요? 아니면 꾸고도 아침에 일어나서 잊어버리는 것일까요? 사람들은 보통 전날 꾼 꿈에 영향을 받게 됩니다. 길몽을 꾼 사람은 기분이 좋아서 복권을 사기도 하고 흉몽을 꾼 사람은 그 날 재수가 안 좋은 일이 생길까 봐 조심하기도 합니다. 여러분은 지난밤에 꾼 꿈에 신경을 많이 쓰는 편입니까?

속담 2

1. 빈 수레가 더 요란하다

별로 아는 지식이나 가진 것이 없으면서도 더 아는 척 하거나 가진 척 하며 떠들고 잘난척한다는 뜻

- 빈 수레가 더 요란하다고 저 사람은 전문가도 아니면서 왜 저렇게 아는 척을 할까?

2. 누워서 침 뱉기

다른 사람 탓을 하거나 욕을 해도 그것이 결국 자기 자신을 욕하는 것이나 다름없다는 뜻

- 다른 사람 앞에서 자기 자식을 그렇게 욕하다니, 그건 누워서 침 뱉기야.

3. 호랑이도 제 말 하면 온다

어떤 자리에서 이야기에 오른 그 사람이 마침 나타났을 때 쓰는 말

- 호랑이도 제 말 하면 온다더니 영수 이야기를 하고 있었는데 마침 영수가 들어왔다.

4. 제 눈의 안경

보잘 것 없는 사람(것)이라도 제 마음에 들면 좋게 보인다는 뜻

- 제 눈의 안경이라고 내 친구는 항상 자기 남편이 최고라고 자랑을 한다.

5. 바늘 도둑이 소 도둑 된다

사소한 나쁜 버릇도 자꾸 되풀이하게 되면 나중에는 큰일을 저지를 수 있다는 뜻

- 바늘 도둑이 소 도둑 된다고 그 사람은 어렸을 때 사소한 거짓말을 많이 하더니 결국 사기꾼이 되어 감옥에 갔다.

6. 꼬리가 길면 밟힌다

범죄 행위나 못된 행동을 한두 번 할 때는 다른 사람들이 모르고 지나가지만 자주 하면 결국 잡히게 된다는 뜻

- 꼬리가 길면 밟힌다고 자꾸 그렇게 부모님을 속이다가는 언젠가는 들키게 되어 있어.

7. 돌다리도 두들겨 보고 건너라

비록 잘 알아서 틀림없는 일이라도 조심하고 다시 확인하여 하라는 뜻

- 제주도 항공권 예약이 되었는지 다시 한 번 확인해 봐. 돌다리도 두들겨 보고 건너라는 말이 있잖아.

8. 윗물이 맑아야 아랫물이 맑다

윗사람이 모범을 보여야 아랫사람이 그것을 본받는다는 뜻

- 윗물이 맑아야 아랫물이 맑다고 저 집은 부모의 행동이 올바르지 않으니까 아이들도 빗나가는 거지.

9. 소 잃고 외양간 고친다

이미 실패하거나 일이 잘못된 뒤에 때늦게 문제점을 고쳐도 아무 소용이 없다는 뜻

- 동물원은 호랑이가 사자에게 물려 죽은 후에야 소 잃고 외양간 고치는 격으로 안전 펜스를 높이겠다는 대책을 내놓았다.

10. 콩 심은 데 콩 나고 팥 심은 데 팥 난다.

모든 일은 원인에 따라 결과가 생긴다는 뜻. 심은 대로 거둔다, 뿌린 대로 거둔다는 뜻

- 콩 심은 데 콩 나고 팥 심은 데 팥 난다고 저 사람은 놀기만 하더니 결국 시험에서 떨어졌다.

속담 2 연습

1. 가 : 민수 씨는 자동차 전문가도 아니면서 전문가들보다 더 아는 척을 해요.

나 : .... 는다더니/ㄴ다더니/다더니 지식이 짧은 사람들이 더 떠들며 자랑하는군요.

2. 가 : 편의점 도둑이 잡혔대요. 벌써 세 번이나 같은 방법으로 도둑질을 했대요.

나: .... 는다더니/ㄴ다더니/다더니 결국 잡히는군요.

3. 가 : 남편이 너무 게으르고 책임감도 없어. 이웃집 사람들과 얘기해 보니 다른 집 남편들은 안 그렇다던데…….

나 : .... 이라고/라고 어떻게 다른 사람들한테 자기 남편을 그렇게 말할 수 있니?

4. 가 : 어제 보니까 영수 씨가 친구들과 뭔가 심각한 표정으로 얘기를 하던데 무슨 일이 있는 걸까요?

나 : .... 이라더니/라더니 마침 저기 영수 씨가 오네요.

5. 가 : 서류를 완성했어요. 어제 두 번이나 검토했으니까 바로 사장님께 드리는 게 어때요?

나 : .... 으라고/라고 실수가 있을지 모르니까 다시 한번 봅시다.

6. 가 : 여긴 기초적인 교통 안전 시설물조차 설치되지 않았네. 위험한 길인데…….

나 : 사고가 여러 번 나야 안전시설을 설치하려는 건지, ... 지 말고 미리미리 위험에 대비하면 좋을 텐데.

7. 가 : 아이가 편의점에서 자꾸 과자를 말도 없이 가져 와요.

나 : 별 생각 없이 그랬겠지요. 하지만 .... 는다고/ㄴ다고/다고 더 잘못되기 전에 가르쳐야 할 것 같은데요.

8. 가 : 영수는 항상 자기 여자친구가 예쁘고 똑똑하다고 자랑만 해.

나 : .... 이라고/라고 영수 눈에는 자기 여자친구가 예쁘게만 보이는 거야.

9. 가 : 저 아이는 어른들한테 통 인사를 안 해요. 말도 함부로 하고요.

나 : ....는다고/ㄴ다고/다고 평소에 부모가 예의를 안 지키더니 역시 아이도 버릇이 없군요.

10. 가 : 한국어 능력 시험 결과가 나왔는데 친구는 합격을 했지만 나는 떨어졌어.

나 : ....는다고/ㄴ다고/다고 친구는 열심히 공부했는데 너는 이번 학기에 놀기만 했잖아.

제 8 과 생활 경제

8과 1항

어휘

1. 다음 [보기]에서 알맞은 단어를 찾아 빈 칸에 쓰십시오.

[보기] 쑥스럽다 흔하다 단돈 대단하다 형편 대신

❶ 요즘은 각종 공과금을 낼 때 은행에 가는 (대신) 인터넷 뱅킹을 이용하는 사람들이 많다.

❷ 우리 대학교는 ( )이/가 어려운 학생들을 위해 장학금 제도를 실시하고 있다.

❸ 예전에는 귀했던 휴대전화가 요즘은 누구나 사용하는 ( )는/은/ㄴ 물건이 되었다.

❹ 당연히 해야 할 일을 했는데 이렇게 칭찬을 받으니 ( )을/ㄹ 뿐이다.

❺ 바자회에서 갖고 싶었던 겨울 코트를 ( ) 만원에 사서 너무 기뻤다.

❻ 그 친구는 회사에 다니면서 한국어도 배우고 봉사 활동까지 열심히 하니 정말 ( )는다/ㄴ다/다.

2. 다음 [보기]에서 알맞은 말을 골라 빈 칸에 쓰십시오.

[보기] 구매 수입 저축 절약 지출 과소비

마리아 : 신문을 보니까 요즘 전 세계적으로 경제가 어려워지는 것 같던데 이럴 때일수록 ❶ 절약 하는 생활 습관이 필요한 것 같아요.

미 선 : 맞아요, 저도 아르바이트로 버는 ❷ ______ 은/는 그대로인데 예전보다 생활비가 많이 들어서 ❸ ______ 을/를 줄이려고 노력하고 있어요.

마리아 : 그런데 저는 백화점에 가면 세일하는 물품들을 무조건 ❹ ______ 하는 습관이 있어요. 백화점에서는 비싼 물건들도 카드로 쉽게 살 수 있으니까 자꾸 ❺ ______ 을/를 하게 돼요.

미 선 : 저도 그런 편이어서 오늘 적금을 하나 들었어요. 꾸준히 ❻ ______ 하는 습관을 길러 보려고요.

문법

-을/ㄹ 따름이다

3. 다음 [보기]에서 알맞은 표현을 골라 문장을 완성하십시오.

[보기] 부끄럽다　뿌듯하다　어깨가 무겁다　죄송하다　기쁘다　섭섭하다

❶ 한국에서 10년간 영어를 가르친 외국인 교수	"고향처럼 정든 한국을 떠난다고 생각하니 섭섭할 ~~을/ㄹ~~ 따름이에요."
❷ 기부금을 낸 김 할머니	"다른 분들에 비해 적은 돈인데 기부상까지 받으니 오히려 ______ 을/ㄹ 따름이에요."
❸ 경복궁 안내원 할아버지	"이 나이에도 한국 문화를 외국 사람들에게 알릴 수 있어서 정말 ______ 을/ㄹ 따름입니다."
❹ 인기상을 탄 야구 선수	"상을 받으니 앞으로 팀을 위해서 더 잘해야겠다는 생각에 ______ 을/ㄹ 따름입니다."
❺ 한국의 첫 우주인 여성	"우주 여행의 꿈을 이룰 수 있어서 ______ 을/ㄹ 따름이에요."
❻ 대통령	"1년간 열심히 노력은 했지만 경제 상황이 나빠서 국민들께 ______ 을/ㄹ 따름입니다."

4. '-을 따름이다'를 사용해 다음 대화를 완성하십시오.

❶ 가 : 지난번에 도와 주셔서 고마워요. 어려운 부탁을 해서 정말 미안해요.
나 : 아니에요, 많이 도와 드리지 못해 오히려 제가 미안할 ~~을/ㄹ~~ 따름이에요.

❷ 가 : 꽤 큰 교통 사고였는데도 다치지 않으셔서 다행이에요.
나 : 네, 하지만 피해자와 합의할 생각을 하니 정말 ______ 을/ㄹ 따름이에요.

❸ 가 : 아이가 해외 유학을 간다던데 기분이 어떠세요?
나 : 아이를 오랫동안 못 본다는 생각에 ______ 을/ㄹ 따름이에요.

④ 가 : 부장으로 승진하신 것을 진심으로 축하합니다.
나 : 감사합니다. .... 을/ㄹ 따름이에요.

⑤ 가 : 대학 졸업을 축하해. 사회인이 되는 기분이 어때?
나 : ....

⑥ 가 : 생일 축하해. 생각해서 골라봤는데 선물이 네 마음에 안 들면 어떡하지?
나 : ....

-으니만큼

5. 다음 문장을 완성하십시오.

환율, 전년에 비해 10%나 올라…

❶ 원-달러 환율이 급격하게 오르고 있다. 이에 따라 기업들의 수출에 어려움이 생기고 있는데…….
❷ 원유 가격도 계속 상승함에 따라 항공사들이 일제히 항공료를 인상하기로 했다…
이에 따라 ❸정부는 오늘 긴급 경제 안정 정책을 발표하고 국민의 경제적 어려움을 줄이는 데 최선을 다하겠다고 밝혔다…….

해외 여행 관광객 수 감소해

관광공사에 따르면 올해 해외 여행 관광객 수가 전년보다 20% 이상 감소한 것으로 나타났다. 이는 환율이 오르면서 ❹ 여행 경비가 많이 들기 때문으로…….

한강 주위 저층 아파트 재개발 하기로 해

주택 공사는 한강변 낡은 저층 아파트를 ❺ 한강이 보이는 전망 좋은 20층 이상 고층 아파트로 재개발한다고 밝혔다. 한편 주거 환경 및 전망권 침해와 교통 불편을 이유로 ❻ 주변 아파트 주민들은 재개발 정책에 반대하고 있다.

❶ 원-달러 환율이 계속 오르니만큼 ~~으니만큼/니만큼~~ 수출에 어려움이 있을 것 같다.

❷ .... 으니만큼/니만큼 항공료도 계속 오를 것이다.

❸ ______________ 으니만큼/니만큼 국민들의 경제적 어려움이 줄 것으로 보인다.

❹ ______________ 으니만큼/니만큼 해외 여행객 수는 계속 줄어들 것이다.

❺ ______________ 으니만큼/니만큼 재개발 아파트 가격은 높을 것이다.

❻ ______________ 으니만큼/니만큼 재개발 사업이 어려움을 겪을 것이다.

6. '-으니만큼'을 사용해 다음 대화를 완성하십시오.

❶ 가 : 경쟁률이 높았는데 이렇게 입사하게 되어서 정말 기쁩니다.
나 : 어렵게 입사했으니만큼 ~~으니만큼/니만큼~~ 열심히 일하시기를 바랍니다.

❷ 가 : 신제품 광고가 제대로 되지 않아 잘 팔릴지 걱정이 됩니다
나 : ______________ 으니만큼/니만큼 한번 써 본 소비자는 제품을 다시 살 겁니다.

❸ 가 : 물가가 너무 많이 올라서 생활비가 갈수록 많이 들어요.
나 : ______________ 으니만큼/니만큼 쓸 데 없는 소비를 줄여야 해요.

❹ 가 : 이번 시합에서 우리 팀이 우승할 수 있을까요?
나 : ______________ 으니만큼/니만큼 ______________

❺ 가 : 열심히 노력하기는 했는데 대학원에 입학할 수 있을지 걱정입니다.
나 : ______________

❻ 가 : 요즘 경제가 너무 안 좋아서 투자를 해도 될지 모르겠어요.
나 : ______________

8과 2항

어휘

1. 다음 [보기]에서 알맞은 말을 골라 빈 칸에 쓰십시오.

[보기] 자금 대여하다 위험부담 주식 단기간

❶ (주식)에 투자하려면 투자할 회사의 발전 가능성을 잘 알아봐야 한다.

❷ 음식점을 차리려고 은행에서 돈을 빌려 사업 ( )을/를 마련했다.

❸ 아이들은 금방 자라니까 책이나 완구류는 ( )어/아/여 쓰는 게 경제적이다.

❹ 한국어 실력이 ( )에 좋아질 거라는 기대는 하지 말아야 한다.

❺ 해외 금융 시장에 투자하는 것은 환율 변동에 따른 ( )이/가 있으므로 조심해야 한다.

2. 다음 [보기]에서 알맞은 말을 골라 빈 칸에 쓰십시오.

[보기] 식비 · 외식비 문화 · 레저비 경조사비 교육비 세금 · 공과금 교통비

날짜	지출액	지출 내역	
12월 27일	6,000원	택시비	❶ (교통비)
	7,000원	영화비	❷ ( )
	5,000원 4,000원	점심 값 커피 값	❸ ( )
	100,000원	학원 수강료	❹ ( )
	25,000원	전기 요금	❺ ( )
	50,000원	친구 결혼 축의금	❻ ( )
	총지출 197,000원		

문법

-자면

3. 다음 문장을 완성하십시오.

❶ 

대학상담실 관계자

외국 학생이 ______우리 대학교에 입학하______ 자면
한국어 능력 시험을 봐야 합니다.

❷ 

경제인

______________________ 자면
정부, 국민, 기업이 모두 노력해야 합니다.

❸ 

교육전문가

______________________ 자면
교육 정책이 바뀌어야 한다고 생각합니다.

❹ 

국회의원

______________________ 자면
____

❺ 

사장

______________________ 자면
____

❻ 

근로자 대표

______________________ 자면
____

4. '–자면'을 사용해 다음 대화를 완성하십시오.

❶ 가 : 이 보고서가 과연 실현 가능성이 있을까요?
나 : 이 보고서대로 실행하 자면 예산을 많이 늘려야 합니다.

❷ 가 : 요즘 경기가 안 좋아서 다들 돈을 모으기 힘들어해요.
나 : .... 자면 소비를 줄이고 될 수 있는 대로 절약해야 해요.

❸ 가 : 전세계적으로 환경 오염 문제가 심각해지고 있어요.
나 : .... 자면 전세계적으로 협력해서 대책을 마련해야 합니다.

❹ 가 : 회사원이 보통 집을 장만하려면 시간이 얼마나 걸려요?
나 : .... 자면 ....

❺ 가 : 자동차 부품을 다 교체해야 하는데 돈이 얼마나 들까요?
나 : ....

❻ 가 : UN과 같은 국제기구에 취직하고 싶어하는 학생들은 어떤 준비를 해야 합니까?
나 : ....

-는 -대로

5. '-는 -대로'를 사용해 다음 문장을 완성하십시오.

하숙집 아주머니	"물가 인상으로 음식 재료값이 많이 들어서 힘들어요."
하숙생	"물가 때문에 하숙비가 올라서 힘들어요."

❶ 하숙집 아주머니는 ~~은/는~~ 아주머니 대로 하숙생은 ~~은/는~~ 하숙생 대로 물가가 올라서 힘든 점이 있어요.

전업 주부	"아이들 돌보고 집안일 하느라 자기 시간이 없어요."
맞벌이 주부	"일이 바빠서 자기 시간이 없어요."

❷ ______ 은/는 ______ 대로 ______ 은/는 ______ 대로 자기 시간이 없어요.

직장인	"일정한 시간에 일하니까 계획을 세워서 살 수 있어서 좋아요."
프리랜서	"원하는 시간에 일할 수 있어서 좋아요."

❸ ______ 은/는 ______ 대로 ______ 은/는 ______ 대로 좋은 점이 있어요.

경영자	"직원들의 근로 환경 개선을 위해 노력하고 있습니다."
직원들	"회사의 발전을 위해 노력하고 있습니다.

❹ ______ 은/는 ______ 대로 ______ 은/는 ______ 대로

______

부모	"생활비와 아이들 교육 문제로 고민이 많아요."
자녀	"진로 문제, 친구 문제로 고민이 많아요."

❺ ______

______

자가용 출퇴근자	"출퇴근 시간에 막히고 기름값도 많이 들어서 불만이 많아요."
대중교통 이용자	"차가 제시간에 오지 않고 사람들이 너무 많아서 불만이 많아요."

❻ ______

______

6. '-는 -대로'를 사용해 다음 대화를 완성하십시오.

❶ 가 : 대형차를 타다가 소형차로 바꾸니까 불편하지 않아요?

나 : 소형차는 ~~은/는~~ 소형차 대로 좋은 점이 있어요. 주차하기도 편하고요.

❷ 가 : 친구가 요즘 약속을 지키지 않을 때가 많아서 화가 나요.

나 : .... 은/는 .... 대로 무슨 이유가 있었을 거예요.

❸ 가 : 사장님이 지난번 회의에서 왜 화를 냈는지 이해가 되지 않아요.

나 : .... 은/는 .... 대로 화를 내신 이유가 있을 거예요.

❹ 가 : 외동딸은 좋을 것 같아요. 전 형제가 많아서 부모님의 관심을 덜 받았거든요.

나 : .... 은/는 .... 대로 ....

❺ 가 : 단체 여행은 제약이 많아서 자유 여행보다 재미가 없을 것 같은데요.

나 : ....

❻ 가 : 경제가 어려울 때 가장 힘든 건 중소기업이에요. 대기업은 괜찮겠지만요.

나 : ....

8과 3항

어휘

1. 다음 [보기]에서 알맞은 말을 골라 빈 칸에 쓰십시오.

[보기] 신용카드 결제 무절제하다 한도 교훈

금융감독원은 최근 무분별한 은행의 ❶ 신용카드 발급으로 신용불량자가 늘고 있다고 밝혔다. 따라서 은행들은 대학생이나 수입이 불확실한 사람들에게 신용카드의 현금 서비스 이용액을 월 100만원으로 제한하고 카드 월 사용액 ❷ ______ 을/를 줄여서 카드 사용자들의 ❸ ______ 은/ㄴ 카드 사용을 막기로 했다. 은행 관계자는 "대학생들이 생각 없이 현금 대신 카드를 사용하다가 대금 ❹ ______ 을/를 하지 못해서 신용불량자가 되어 취직에 어려움을 당하는 경우가 있는데 앞으로는 이런 일을 ❺ ______ 으로/로 해서 카드 사용을 자제해야 할 것"이라고 말했다.

2. 다음 [보기]에서 알맞은 말을 골라 빈 칸에 쓰십시오.

[보기] 면제 적립 할부 할인 가맹점 일시불 연회비

❶ 가맹점 500여 곳 국내 최대!! *포인트가 쌓인다!!*

*환전*도 *무료*로!

새로 나온 연세 Y카드는 놀이 공원, 백화점, 영화관 등 국내 가맹점이 500여 곳으로 최대 규모이며 가맹점에서 쇼핑하면 쇼핑 금액의 최대 7%를 포인트로 ❷ ______ 해 드립니다. 이 포인트는 현금처럼 사용할 수 있습니다. 또 백화점 쇼핑 시 최대 6개월 무이자 ❸ ______ 이/가 가능하고 ❹ ______ 으로/로 구입하면 포인트를 두 배로 드립니다. 매년 내야 하는 ❺ ______ 도 3년간 무료입니다. 또 은행에서 환전할 때 내야 하는 수수료를 ❻ ______ 해 드립니다. 커피 전문점, 패스트 푸드점에서 최대 20% ❼ ______ 을/를 받을 수 있습니다.

문법

–는 바람에

3. 다음 문장을 완성하십시오.

영수가 잘못한 일	이유
출근 시간에 늦었다.	차가 많이 밀렸다.
친구에게 전화를 못했다.	휴대전화가 갑자기 고장났다.
보고서를 완성하지 못했다.	컴퓨터에 이상이 생겼다.
버스에서 앞사람의 발을 밟았다.	갑자기 뒷사람이 밀었다.
중요한 서류를 집에 놔두고 왔다.	아침에 서둘러 나왔다.
영화표를 예매하지 못했다.	회사에서 급하게 해야 할 일이 생겼다.

❶ "죄송합니다, 차가 많이 밀리 는 바람에 늦었어요."

❷ "미안해, ________________ 는 바람에 전화를 못했어."

❸ "죄송합니다, ________________ 는 바람에 보고서를 완성하지 못했습니다."

❹ "미안해요, ________________ 는 바람에 ________________"

❺ "죄송합니다, ________________ 는 바람에 ________________"

❻ "미안해, ________________ 는 바람에 ________________"

4. '–는 바람에'를 사용해 다음 대화를 완성하십시오.

❶ 가 : 저런, 거실 창문이 깨졌네요. 무슨 일이 있었어요?
나 : 네, 어제 강풍이 부 는 바람에 창문이 깨졌어요.

❷ 가 : 왜 다리를 다쳤어요? 어제 무슨 일이 있었어요?
나 : 네, 친구가 갑자기 ________________ 는 바람에 문에 부딪쳐서 다리를 다쳤어요.

❸ 가 : 왜 이렇게 비싼 옷을 산 거예요? 별로 입을 것 같지도 않은데…….
나 : 옷 가게 직원이 ________________ 는 바람에 저도 모르게 사고 말았어요.

❹ 가 : 왜 영수한테 내 이야기를 한 거야? 비밀로 해 달라고 부탁했잖아.
나 : 미안해. 영수가 자꾸 ______________ 는 바람에 ______________

❺ 가 : 수업 시간에 왜 이렇게 늦게 왔어요? 또 늦게 일어난 거예요?
나 : 아니요, ______________

❻ 가 : 그렇게 갑자기 급정거를 하면 어떡해요? 사고가 날 뻔 했잖아요.
나 : 죄송합니다. ______________

–었으면야

5. 다음 글을 읽고 문장을 완성하십시오.

김 모 씨는 지난 주말에 고속도로에서 앞에 가던 ❶ **트럭이 급정거하는 바람에** 트럭과 충돌하는 큰 교통사고를 당했다. 김 모 씨는 안전 벨트를 매고 있어서 큰 부상을 당하지 않았으나, 뒷좌석에 타고 있던 아이는 ❷ **안전벨트를 매지 않아서** 큰 부상을 당했다. 사고 당시 119에 응급 신고를 했으나 ❸ **주말 교통 정체로 구급차가 1시간 후에 도착하는 바람에** 아이의 부상 상태가 심해져서 수술까지 하게 되었다. 트럭 운전자는 "❹ **심한 안개로** 신호등이 보이지 않았고 ❺ **앞차가 급정거를 하는 바람에** 사고를 내고 말았다."고 말했다. ❻ **사고를 낸 트럭은 보험에 가입되어 있지 않아서** 보상금을 받는 데 문제가 많을 것으로 보인다.

❶ 트럭이 급정거하지 않았으면야 ~~었으면야/았으면야/였으면야~~ 사고가 났겠어요?

❷ ______________ 었으면야/았으면야/였으면야 아이가 부상을 당하지 않았을 텐데요.

❸ ______________ 었으면야/았으면야/였으면야 아이가 수술까지 했겠어요?

❹ ______________ 었으면야/았으면야/였으면야 운전자가 신호등을 봤을 텐데요.

❺ ______________ 었으면야/았으면야/였으면야 트럭 운전자가 사고를 내지 않았겠지요.

❻ ______________ 었으면야/았으면야/였으면야 보상금을 받는 데 문제가 없겠지요.

6. '–었으면야'를 사용해 다음 대화를 완성하십시오.

❶ 가 : 어제 모임이 즐거웠는데 왜 오지 않았어요? 그렇게 일이 늦게 끝났어요?
나 : 네, 일이 일찍 끝났으면야 ~~었으면야/았으면야/였으면야~~ 모임에 가서 즐겁게 놀고 얼마나 좋았겠어요?

❷ 가 : 왜 이렇게 옷을 얇게 입고 오셨어요? 어제 일기 예보를 보지 않았어요?
나 : 그러게요, ______________ 었으면야/았으면야/였으면야 이렇게 추위로 고생하지 않았을 텐데요.

❸ 가 : 주말에 본 공연이 정말 재미있더라. 너도 표를 미리 좀 예매하지 그랬어?
나 : 그러게 말이야, ______________ 었으면야/았으면야/였으면야 나도 볼 수 있었을 텐데 아쉬워.

❹ 가 : 식당에서 일하는 아르바이트가 그렇게 힘들 줄 몰랐어요?
나 : 네, ______________ 었으면야/았으면야/였으면야 ______________

❺ 가 : 어제 술을 많이 마시고 과장님과 다투셨다던데 왜 그런 실수를 하셨어요?
나 : ______________

❻ 가 : 왜 차를 가지고 나오셨어요? 주말에는 서울광장 주위가 복잡한 걸 모르세요?
나 : ______________

8과 4항

어휘

1. 다음 [보기]에서 알맞은 말을 골라 빈 칸에 쓰십시오.

[보기] 조르다 판단력 나무라다 타이르다 자극하다 웬만하다

❶ 술을 마시면 (판단력)이/가 흐려지기 때문에 절대로 음주 운전을 해서는 안 된다.

❷ 지하철역에서 학교까지 멀지도 않은데 ( )으면/면 걸어갑시다.

❸ 학생들의 예의 없는 태도에 화가 난 노인이 큰 소리로 학생들을 ( )었다/았다/였다.

❹ 아이가 새로 나온 게임기를 사 달라고 매일 ( )는 바람에 결국 사 주고 말았다.

❺ 다이어트 중이었는데도 고기 굽는 냄새가 내 식욕을 ( )어서/아서/여서 결국 먹고 말았다.

❻ 선생님은 학생에게 수업 시간에 문자메시지를 보내지 말라고 조용히 ( )었다/았다/였다.

2. 다음 [보기]에서 알맞은 말을 골라 빈 칸에 쓰십시오.

[보기] 광고주 온라인광고 광고모델 공익광고 기업

가 : 이번에 우리 ❶ 기업 에서 출시한 새 핸드폰을 소비자에게 효과적으로 광고하고 싶어서 왔습니다.

나 : 잘 오셨습니다. 저희 회사는 금연 캠페인, 교통질서 지키기 등 ❷ ________ 을/를 주로 만들어 온 광고대행사입니다. 또한 광고를 만들 때 ❸ ________ 의 요구사항과 광고 의도를 충분히 듣고 그것을 바탕으로 해서 광고를 만들려고 노력하고 있습니다. 이 핸드폰의 특징이 무엇인가요?

가 : 20대가 선호하는 얇고 세련된 디자인에 인터넷과 MP3 기능을 갖춘 제품입니다.

나 : 그러면 ❹ ________ 으로는/로는 젊고 세련되고 활달한 이미지의 연예인이 좋겠군요. 또 젊은 세대들을 위해 TV나 신문 광고뿐만 아니라 ❺ ________ 에도 신경을 써야 할 것 같습니다.

문법

–으나마나

3. 다음 문장을 완성하십시오.

❶ 어머니가 만드신 음식이니까 분명히 ______먹어 보나마나______ ~~으나마나/나마나~~ 맛있을 거예요.

❷ 이 옷은 너무 커서 ______________________ 으나마나/나마나 나한테 안 맞을 거예요.

❸ 두 사람이 똑같이 생긴 걸 보니까 ______________________ 으나마나/나마나 쌍둥이일 거예요.

❹ 이렇게 추운 날씨에는 옷이 너무 얇아서 ______________________ 으나마나예요/나마나예요.

❺ 음식 양이 너무 적어서 ______________________ 으나마나예요/나마나예요.

❻ 우리 집은 하숙생들이 많아서 항상 청소를 해도 ______________________ 으나마나예요/나마나예요.

4. '–으나마나'를 사용해 다음 대화를 완성하십시오.

❶ 가 : 윗집 아이들이 너무 시끄러운데 조용히 하라고 얘기해 보자.
나 : 항상 얘기해도 안 들었으니까 이번에도 ______말해 보나마나______ ~~으나마나/나마나~~ 안 들을 거야.

❷ 가 : 제주도에 가려고 하는데 여행사에 알아보면 비행기 표가 있을까요?
나 : 요즘 휴가철이라 ______________________ 으나마나/나마나 비행기 표가 없을 거예요.

❸ 가 : 갑자기 김치찌개가 먹고 싶은데 지금 가면 먹을 수 있을까?
나 : 지금? 밤 11시니까 ______________________ 으나마나/나마나 ______________________

❹ 가 : 영수가 나한테 고민을 털어놓고 싶다고 하는데 무슨 문제일까요?
나 : 요즘 여자 친구 문제로 고민하던데 ______________________ 으나마나/나마나 ______________________

❺ 가 : 월세가 너무 비싸서 가격이 좀 싼 집을 찾아볼까 하는데 이 근처에 있을까?
나 : ____

❻ 가 : 식물성 화장품이 좋다는 말을 많이 들었는데 제 피부에 잘 맞을까요?
나 : ____

−게 마련이다

5. 다음 글을 읽고 문장을 완성하십시오.

"저는 시골의 가난한 집안 막내로 태어났습니다. ❶ **가정 형편이 어려워서 초등학교만 겨우 마친 후** 농사일을 하다가 혼자 열심히 공부해서 요리사 자격증을 땄습니다. 고등학교를 졸업하고 한식집에서 일하던 중 ❷ **사장님께서 제가 성실하게 일하는 것을 보시고 한식집 책임자로 위임하셔서 성공할 수 있었습니다.** 중국과 일본에 체인점까지 냈는데 1년 전 ❸ **갑자기 경제가 어려워져서 사업에 실패를 겪었습니다.** 하지만 ❹ **좋은 재료와 변함없는 정성으로 만든 음식은 손님들이 알더군요.** 올해 저희 한식집은 20억원의 매출액을 기록했는데 매출의 20%를 가난한 사람들에게 기부했습니다. ❺ 저처럼 **가난을 경험한 사람이 어려운 사람들의 형편을 더 잘 이해할 수 있지요.** 여러분, 꿈을 포기하지 마십시오. ❻ **열심히 노력하면 누구든 꿈을 이룰 수 있습니다.**"

❶ 가정 형편이 어려우면 공부하기 힘들 게 마련이지요.

❷ 성실하게 일하면 ______ 게 마련이에요.

❸ 경제가 어려우면 ______ 게 마련이지요.

❹ ______ 게 마련이지요.

❺ ______ 게 마련이에요.

❻ ______ 게 마련이지요.

YONSEI KOREAN WORKBOOK 4

6. '-게 마련이다'를 사용해 다음 대화를 완성하십시오.

❶ 가 : 한국에 와서 오랜만에 운전을 했더니 좀 이상해요. 어색하기도 하고요.
나 : 운전도 하다가 안 하면 ______실력이 줄______게 마련이에요. 조심하세요.

❷ 가 : 10년 동안 아주 잘 쓴 청소기인데 요즘 자주 고장이 나요.
나 : 아무리 좋은 제품이라도 오래 쓰면 ____________________게 마련이에요.

❸ 가 : 그렇게 착한 영수 씨도 어제는 그 친구의 심한 말을 듣고 화를 내더라.
나 : 아무리 착한 사람이라도 심한 말을 들으면 ____________________게 마련이에요.

❹ 가 : 남자 친구와 2년 이상 떨어져 있으니까 사이가 옛날같지 않아요. 연락도 뜸해지고요.
나 : 눈에서 멀어지면 ____________________게 마련이에요.

❺ 가 : 요즘 백화점 매출이 줄고 있대요. 경제가 어려워지니 사람들이 소비를 줄이나 봐요.
나 : ____

❻ 가 : 사장이 회사 돈을 부정하게 사용하다가 결국 감옥에 가게 되었어요.
나 : ____

8과 5항

듣기 연습

CD : 08

※ 다음을 듣고 질문에 답하십시오.

1. 신용 카드의 장점이 무엇인지 쓰십시오.

❶ ....

❷ ....

❸ ....

2. 신용 카드 사용의 문제점이 아닌 것은 무엇입니까? (　　　)

❶ 과소비를 하기 쉽다.
❷ 도난이나 분실의 위험이 있다.
❸ 신용 불량자가 카드를 소지할 수 있다.
❹ 개인 정보의 유출로 범죄에 악용될 수 있다.

3. 올바른 카드 사용법에 대한 내용과 같은 것에 O표, 다른 것에 X표 하십시오.

❶ 카드사에서 제공하는 할인 쿠폰을 최대한 이용한다. (　　　)
❷ 자신의 소득 수준에 맞춰서 카드를 사용해야 한다. (　　　)
❸ 신용 포인트를 높이기 위해 카드는 여러 개를 사용하는 것이 좋다. (　　　)
❹ 무이자 할부 서비스가 있으니까 물건은 무조건 할부로 구매하는 것이 좋다. (　　　)

읽기 연습

※ 다음을 읽고 질문에 답하십시오.

김정민 씨는 매달 200만원의 월급을 받지만 항상 돈이 부족하다고 느꼈다. 그는 그동안 인터넷으로 간단하게 매일 수입, 지출을 기록해 왔지만 하루의 일과를 정리하는 수준일 뿐이었다. 그러던 어느 날 여자 친구로부터 과소비를 한다는 지적을 받고 수입, 지출 내역을 꼼꼼히 살펴보았더니 쓰지 않아도 될 돈을 생각 없이 쓰고 있었다는 걸 알 수 있었다.

가장 결정적인 부분이 유흥비, 쇼핑, 취미 생활비 등이었다. 그는 한 달에 술값으로 50만원, 쇼핑 40만원, 당구장 등에서 20만원, 총 110만원 정도를 지출해 왔다. 게다가 무이자 할부가 가능하다는 이유로 카드 결제를 주로 하는 바람에 늘 수입보다 지출이 많아서 현금 서비스를 이용했다. 그래서 그는 우선 가계부를 쓰기로 했다. 또한 당구장 이용을 자제하고 불필요한 쇼핑과 모임도 줄이기로 했다. 또 될 수 있는 대로 카드 대신 현금으로 결제하려고 노력했다. 그 결과 김 씨는 현재의 소득으로 한 달에 50만원 정도의 저축을 할 수 있게 되었다.

김정민 씨는 이렇게 말한다. "과소비를 줄이고 자신의 소득에 맞는 합리적인 소비를 하자면 무엇보다 자신의 소비 내역을 알 수 있도록 가계부를 쓰고, 신용 카드 사용을 월 수입의 20%를 넘지 않도록 하며, 소득의 30%는 꼭 저축을 하도록 해야 합니다."

1. 위 글의 제목으로 알맞은 것은 무엇입니까? (　　　　)

❶ 올바른 가계부 쓰는 방법
❷ 소득과 지출 내역 확인 방법
❸ 합리적인 소비를 하는 방법
❹ 신용 카드와 현금 결제의 장단점

2. 위 글의 내용과 다른 것은 무엇입니까? (　　　　)

❶ 김 씨는 자신의 소득에 비해 지출이 많은 편이었다.
❷ 김 씨는 여자 친구가 권해서 가계부를 쓰게 되었다.
❸ 김 씨는 현금 대신 무이자 할부가 가능한 카드 결제를 이용해 왔다.
❹ 김 씨는 가계부를 쓰기 시작해 한 달에 50만원씩 저축을 하게 되었다.

3. 김정민 씨가 말한 과소비를 줄이는 방법이 무엇인지 쓰십시오.

❶ ....

❷ ....

❸ ....

말하기 • 쓰기 연습

1. 배운 문법을 사용해 친구에게 질문하고 대답하십시오.

질문	친구 1	친구 2
❶ 과소비를 하고 실수하거나 후회한 경우를 말해 보십시오. (–는 바람에, –었으면야)		
❷ 친구의 소비 생활에 대해 듣고 조언해 보십시오. (–자면, –대로, –으니만큼)		
❸ 친구와 서로 칭찬을 하고 그 칭찬에 대답해 보십시오. (–을 따름이다)		
❹ 신문에 실린 경제, 정치 기사 등에 대한 자신의 의견을 말해 보십시오. (–으나마나, –게 마련이다)		

2. 다음 글을 읽고 김 씨의 소비 생활의 문제점과 해결책을 써 보십시오. 또 자신의 경제 생활과 비교해 보고 친구와 이야기해 보십시오.

회사원 김 씨는 지난달 서울 도심의 원룸으로 이사했다. 월세는 비싸지만 시설이 좋고 출퇴근하기가 편해서이다. 식사는 밖에서 해결하는 편이라서 집에서는 전혀 요리를 하지 않는다. 운동을 좋아해서 회사 근처 헬스클럽에서 운동을 하고 있다. 주말에는 수상 스키 동호회원들과 수상 스키를 즐기기도 한다. 또 현금보다는 세금 계산이 편한 카드 결제를 주로 하는 편이다. 김 씨의 이번 달 소득은 260만원이었고, 원룸 월세 70만원, 식비 외식비 50만원, 운동 레저비 60만원, 쇼핑비 등으로 총 260만원을 지출했다.

관용어 1

1. 옷이 날개다

옷이 좋으면 사람이 한층 돋보이다(특별하게 보이다)

- 옷이 날개라더니 영수가 정장을 입으니 정말 멋있어 보인다.

2. 발이 넓다

사귀어 아는 사람이 많아서 활동하는 범위가 넓다

- 그 사람은 발이 넓어서 모르는 사람이 없다.

3. 하늘의 별따기

하기에 너무나 어렵다

- 그 대학교는 경쟁률이 높아서 입학하기가 하늘의 별따기다.

4. 길눈이 어둡다

가 본 길을 찾아가지 못할 만큼 길을 잘 기억하지 못하다

- 나는 길눈이 어두워서 길을 찾아 갈 때 꼭 물어 봐야 한다.

5. 눈 감아 주다

남의 잘못을 알고도 모르는 척 넘어 가다

- 교통 규칙을 위반한 초보운전자가 교통경찰에게 한번만 눈 감아 달라고 사정했지만 소용없었다.

6. 눈이 높다

질이 좋고 수준이 높은 것을 잘 고를 줄 알고 그런 물건을 선호하다

- 우리 언니는 눈이 높아서 선물을 해 줘도 웬만한 건 좋아하지도 않는다.

7. 손이 크다

씀씀이가 후하고 크다

- 우리 어머니는 손이 커서 손님이 오시면 언제나 음식을 푸짐하게 차리신다.

8. 손을 잡다

서로 뜻을 같이 하여 협력하기로 하다

- 이번에 두 회사가 손을 잡고 신제품을 개발하기로 했다.

9. 손을 떼다

습관적으로 하던 일을 그만두다

- 김영수 씨는 국회의원 선거에서 떨어진 후 정치에서 손을 떼기로 결심한 것 같아요.

10. 발을 끊다

서로 오가지 않거나 관계를 끊다

- 명수는 올해부터 자주 가던 게임방에 발을 끊기로 했다.

관용어 1 연습

1. 가 : 이번에 UN에서 세계 환경 문제에 대한 회의가 있었지요?
나 : 네, 이번 회의에서 각국 정부가 ________________ 고 환경 문제를 해결하기로 했답니다.

2. 가 : 그 회사는 취직하기가 그렇게 어렵다면서?
나 : 응, 그 회사는 지원자가 많아서 취직 시험에 합격하는 게 ________________ 이야/야.

3. 가 : 민수는 아직도 도박을 하는 거야?
나 : 아니, 이제 완전히 도박에서 ________________ 었다던데/았다던데/였다던데.

4. 가 : 우리 집이 어디 있는지 몰라요? 지난번에도 우리 집에 놀러 왔었잖아요?
나 : 제가 좀 ________________ 어서/아서/여서 길을 잘 못 찾아요.

5. 가 : 수진 씨 생일 선물로 이 스카프가 어떨까?
나 : 수진 씨는 ________________ 어서/아서/여서 색상이나 디자인을 까다롭게 보는 편인데, 좀 더 좋은 제품이 있는지 찾아보자.

6. 가 : 민수가 술을 완전히 끊었다던데 사실이야?
나 : 응, 평소에 그렇게 잘 가던 단골 술집에도 ________________ 었대/았대/였대.

7. 가 : 우와, 어머니께서 김치를 100포기나 담그셨어요?
나 : 네, 우리 엄마가 워낙 ________________ 어서/아서/여서 음식을 많이 하시는 편이에요.

8. 가 : 마리아 씨가 평소엔 청바지만 입더니 오늘 드레스를 입었네요.
나 : ________________ 이라고/라고 평소와 달라 보여요. 정말 여성스럽고 예쁘지요?

9. 가 : 아침에 배가 아파서 잠깐 약국 앞에 주차했다가 주차 단속에 걸리고 말았어.
나 : 저런, 벌금을 냈어?
가 : 아니, 급한 사정을 얘기했더니 다행히 경찰관이 ________________ 어/아/여 줬어.

10. 가 : 논문에 필요한 설문지를 돌리고 싶은데 아는 사람이 별로 없어.
나 : 영수한테 부탁해 봐. 영수는 ________________ 어서/아서/여서 한국 친구며 외국인 친구며 모르는 사람이 없던데.

제 9 과 명절과 축제

9과 1항

어휘

1. 다음 [보기]에서 알맞은 표현을 골라 빈 칸에 쓰십시오.

[보기] 장손 차례 떡국 덕담 친지 관심사

❶ 설날에 (떡국)을/를 한 그릇 먹으면 나이를 한 살 더 먹는다는 의미가 있다.

❷ 보통 설날에 어른들께서 ( )을/를 해 주신다.

❸ 내 친구는 ( )이라서/라서 제사를 일 년에 열 두 번이나 지낸다.

❹ 가족 ( )을/를 모시고 부모님의 회갑 잔치를 열려고 합니다.

❺ 명절이 되면 사람들은 ( )을/를 지내러 고향으로 내려간다.

❻ 10대들의 ( )을/를 조사해 봤더니 머리 모양, 핸드폰, 인터넷 게임 등으로 나타났다.

2. 다음 [보기]에서 알맞은 말을 골라 빈 칸에 쓰십시오.

[보기] 설빔 성묘 세배 귀성객 세뱃돈

가 : 설날은 어떻게 보냈어?

나 : 엄마가 해 주신 ❶ 설빔 을/를 차려 입고 고향에 갔다 왔는데 가는 날부터 버스 터미널에 ❷ .... 들이 어찌나 많던지…….

가 : 그럼 고향에 가서 친지들께 ❸ .... 도 드렸겠네?

나 : 물론이지. ❹ .... 을/를 받은 것으로 뭐 할까 생각중이야.

가 : ❺ .... 도 다녀왔어?

나 : 응, 할아버지 산소에 가니 할아버지가 그리워지더라.

문법

-으라고

3. 관계있는 문장을 연결해서 한 문장으로 만드십시오.

❶ 친구들과 나눠 먹습니다. •	• 따뜻한 위로를 해 줬어요.
❷ 시합에서 우리 팀이 이깁니다. •	• 요구했어요.
❸ 국이 싱거우면 넣습니다. •	• 어머니가 도시락을 싸 줬어요.
❹ 비밀로 하지 말고 공개합니다. •	• 열심히 응원하고 있어요.
❺ 너무 슬퍼하지 않습니다. •	• 아이들한테 놀이터를 마련해 줬어요.
❻ 마음껏 뛰어놉니다. •	• 식탁 위에 소금을 놓아뒀어요.

❶ 친구들과 나눠 먹으라고 ~~으라고/라고~~ 어머니가 도시락을 싸 줬어요.

❷ ______ 으라고/라고 ______

❸ ______ 으라고/라고 ______

❹ ______ 으라고/라고 ______

❺ ______ 으라고/라고 ______

❻ ______ 으라고/라고 ______

4. '-으라고'를 사용해 대화를 완성하십시오.

❶ 가 : 영수 씨가 내일 취직 시험을 보지요?
나 : 네, 그래서 시험에 붙으라고 ~~으라고/라고~~ 떡과 엿을 선물했어요.

❷ 가 : 용돈이 부족하다고 하시더니 어머니가 돈을 주셨군요.
나 : ______ 으라고/라고 용돈을 주셨어요.

❸ 가 : 언니가 생일에 전자 사전을 사 줬다면서요?
나 : ______ 으라고/라고 ______

❹ 가 : 미선 씨가 왜 전화번호를 가르쳐 줬어요?
나 : ______ 으라고/라고 ______

❺ 가 : 지난 어버이날에 무슨 선물을 해 드렸어요?
나 : ______

❻ 가 : 정희 씨가 이번 약속을 또 잊어버리면 어떡하죠?
나 : ______

-는다든가

5. 다음의 상황에 맞게 문장을 완성하십시오.

❶

집값 상승 이유	
쾌적한 환경	번화한 동네

환경이 쾌적하다든가 ~~는다든가/ㄴ다든가/다든가~~ 동네가 번화하다든가 ~~는다든가/ㄴ다든가/다든가~~ 하면 집값이 올라가요.

❷

승진 조건	
유창한 외국어	뛰어난 업무 능력

________ 는다든가/ㄴ다든가/다든가 ________ 는다든가/ㄴ다든가/다든가 하면 승진이 빨리 돼요.

❸

출산 장려 정책	
경제적 지원	보육 시설 확대

________ 는다든가/ㄴ다든가/다든가 ________ 는다든가/ㄴ다든가/다든가 하면 출산율이 올라가지 않을까요?

❹

소비자 피해 사례	
늦은 배송	하자가 있는 제품

________ 는다든가/ㄴ다든가/다든가 ________ 는다든가/ㄴ다든가/다든가 하는 소비자가 피해를 입는 일이 가끔 생겨요.

❺

여가를 보내는 방법	
독서	휴식

________ 는다든가/ㄴ다든가/다든가 ________ 는다든가/ㄴ다든가/다든가 ________

❻

우수 인재 확보	
채용 설명회 실시	연봉 인상

________ 는다든가/ㄴ다든가/다든가 ________ 는다든가/ㄴ다든가/다든가 ________

6. '–는다든가'를 사용해 다음 대화를 완성하십시오.

❶ 가 : 식사할 때 실례가 되는 행동으로 어떤 것이 있을까요?

나 : 소리를 내서 먹는다든가 ~~는다든가/ㄴ다든가/다든가~~ 코를 푼다든가 ~~는다든가/ㄴ다든가/다든가~~ 하는 것은 실례가 돼요.

❷ 가 : 사람들이 금기시하는 것으로 뭐가 있어요?

나 : ………………는다든가/ㄴ다든가/다든가 ………………는다든가/ㄴ다든가/다든가 하는 것이 있어요.

❸ 가 : 친구와 싸우고 나서 화해하는 방법 좀 가르쳐 주세요.

나 : ………………는다든가/ㄴ다든가/다든가 ………………는다든가/ㄴ다든가/다든가 ………………

❹ 가 : 실업률을 줄일 수 있는 방법으로는 뭐가 있을까요?

나 : ………………는다든가/ㄴ다든가/다든가 ………………는다든가/ㄴ다든가/다든가 ………………

❺ 가 : 옛날부터 내려오는 미신에는 어떤 것들이 있습니까?

나 : ………………

❻ 가 : 집안이 좀 어둡고 답답한데 어떻게 하면 실내 분위기가 달라질까요?

나 : ………………

9과 2항

어휘

1. 다음 [보기]에서 알맞은 단어를 골라 빈 칸에 쓰십시오.

[보기] 너 나 할 것 없이 추석 귀성 행렬 붐비다 열대 지방 내내

❶ 콘서트 장은 인기 가수의 공연을 보러 온 사람들로 (붐볐어요)~~었어요/았어요/였어요~~.

❷ 연휴 ( ) 비가 내려서 지루했어요.

❸ 고속도로의 ( )은/는 끝이 보이지 않을 만큼 길었다.

❹ 나라의 경제를 살리려고 요즘 ( ) 열심히 일하고 있다.

❺ ( )은/는 음력 8월 15일로 한국의 큰 명절 중의 하나이다.

❻ 내가 출장을 간 곳은 숨이 막힐 정도로 더워서 마치 ( ) 같았다.

2. 공통으로 들어가는 단어를 [보기]에서 고르십시오.

[보기] 햇– 맨– 맏– 첫–

❶ 햇 : □ 곡식 □ 감자 □ 고구마 □ 과일

❷ ______ : □ 사랑 □ 인상 □ 눈 □ 출발

❸ ______ : □ 아들 □ 딸 □ 사위 □ 며느리

❹ ______ : □ 손 □ 입 □ 밥 □ 주먹

문법

왜 -지 않겠어요?

3. 다음은 기자가 인터뷰하는 내용입니다. 대화를 완성하십시오.

기　자 : 오늘은 올림픽 대회 수영 종목에서 금메달을 딴 이세훈 선수와 감독을 만나서 이야기를 나눠 보도록 하겠습니다. 감독님, 기분이 어떠세요? 정말 기쁘시죠?

감　독 : ❶ 왜 ___기쁘___지 않겠어요? 이 날을 얼마나 기다려 왔는데요.

기　자 : 우리 나라를 세계에 알렸으니 이세훈 선수가 자랑스럽기도 하겠어요.

감　독 : ❷ 왜 ______________지 않겠어요? 저를 믿고 따라 준 것이 고맙기도 하고요.

기　자 : 이세훈 선수, 우승을 축하드립니다. 부모님 생각도 나셨을 것 같은데요.

이세훈 : ❸ 왜 ______________지 않겠어요? 저를 위해 너무 고생하신 분들인걸요.

기　자 : 이 선수 때문에 수영 선수가 되려는 아이들이 많은데……. 훈련이 굉장히 힘들죠?

이세훈 : ❹ 왜 ______________지 않겠어요? 하지만 높은 꿈을 이루기 위해 참는 거죠.

기　자 : 다음 세계 선수권 대회의 1위 자리도 욕심이 나지 않으세요?

이세훈 : ❺ 왜 ______________지 않겠어요? 운동선수라면 누구나 바랄 것 같아요.

기　자 : 뒤따라오는 선수들이 두렵지는 않으세요?

이세훈 : ❻ 왜 ______________지 않겠어요? 앞으로도 계속 노력해야죠.

4. '왜 -지 않겠어요?'를 사용해 다음 대화를 완성하십시오.

❶ 가 : 날마다 음식을 해 드시는 게 귀찮지 않으세요?
　나 : 왜 ___귀찮___지 않겠어요? ___하지만 건강을 위해서는 참아야죠.___

❷ 가 : 친구가 그렇게 집에 자주 찾아오면 공부에 방해가 되지 않나요?
　나 : 왜 ______________지 않겠어요? 하지만 친한 친구니까 어쩔 수 없어요.

❸ 가 : 험한 산꼭대기까지 오르는 일은 위험하지 않아요?
　나 : 왜 ______________지 않겠어요? ______________

❹ 가 : 자식이 힘든 일에 부딪치면 도와주고 싶지 않아요?
　나 : 왜 ______________지 않겠어요? ______________

❺ 가 : 유학 생활을 한 지 2년이 다 돼 가는데 외롭지 않으세요?
　나 : ______________

❻ 가 : 올해도 휴가를 반납하고 봉사활동을 다녀오셨는데 고생스럽지 않으세요?
　나 : ______________

-으로 봐서는

5. 다음 표를 보고 대화를 완성하십시오.

	현재 상태	예상
시험 점수	65점	진학 불가능
옷차림	양복과 구두	회사원
현재 기분 상태	좋음	화해 가능
요즘 분위기	심각함, 차가움	해결 불가능
시합 성적	5전 5승	결승전 진출
말투	부자연스러운 억양	외국사람

❶ 가 : 선생님, 제가 원하는 학교에 진학할 수 있을까요?
나 : 시험 점수로 ~~으로/로~~ 봐서는 어려울 것 같아요.

❷ 가 : 우리 옆집에 혼자 사는 사람은 직업이 뭘까요?
나 : .... 으로/로 봐서는 회사원인 것 같아요.

❸ 가 : 내가 영수 씨한테 사과하면 받아줄까?
나 : .... 으로/로 봐서는 ....

❹ 가 : 두 나라 간의 무역 문제가 해결이 잘 될까요?
나 : .... 으로/로 봐서는 ....

❺ 가 : 우리 팀이 결승전에 올라갈 수 있을까요?
나 : .... 으로/로 봐서는 ....

❻ 가 : 우리가 아까 만난 사람은 한국 사람이 아닌 것 같죠?
나 : .... 으로/로 봐서는 ....

6. '-으로 봐서는'을 사용해 다음 대화를 완성하십시오.

❶ 가 : 민호 씨한테 속아서 피해를 입은 사람이 많대요.
나 : 겉으로 ~~으로/로~~ 봐서는 좋은 사람인 것 같은데요.

❷ 가 : 의사 선생님, 제가 언제쯤 완전히 회복할 수 있을까요?
나 : .... 으로/로 봐서는 내일이라도 퇴원할 수 있겠어요.

❸ 가 : 영수 씨와 정호 씨 중에서 누구한테 일을 맡기는 게 좋을까요?
나 : .... 으로/로 봐서는 ....

❹ 가 : 정희 씨가 그러던데 영희 씨가 옛날에 무용수였대요.
나 : 그래요? .... 으로/로 봐서는 ....

❺ 가 : 이번 홍수로 인해 생긴 피해가 언제쯤 복구될까요?
나 : ....

❻ 가 : 지금 주식에 투자하면 위험 부담이 없을까요?
나 : ....

9과 3항

어휘

1. 다음 [보기]에서 알맞은 말을 골라 빈 칸에 쓰십시오.

[보기] 단오제 세계 문화유산 지정되다 넘다 막상 흥미롭다

❶ 한국에서는 명절 때마다 축제가 열리는데 (단오제)도 그 중의 하나이다.

❷ 현재 인터넷 사용자가 3천 6백만 명이 ( )었다/았다/였다.

❸ 해외 유학이 꿈이었는데 ( ) 고향을 떠나려고 하니 걱정이 앞서요.

❹ 석굴암은 불국사와 함께 1995년에 ( )으로/로 공동 등재되었다.

❺ 우연히 찾은 블로그에 ( )는/은/ㄴ 이야기가 있어서 소개하려고 합니다.

❻ 설악산이 국립공원으로 ( )는/은/ㄴ 후 많은 관광객의 사랑을 받고 있다.

2. 다음 [보기]에서 알맞은 말을 골라 빈 칸에 쓰십시오.

[보기] 굿 농악 가면극 가장행렬 불꽃놀이 시가행진

이번 주말에 단오를 맞이하여 강릉에서 축제가 열립니다. 5월 23일에는 여러 사람의 모습으로 분장한 사람들이 ❶ 가장행렬 을/를 벌여 여러분의 눈을 즐겁게 해 줄 것이며 이어서 귀신을 쫓는 의식인 ❷ ______ 이/가 한판 벌어질 예정입니다. 24일에는 배우들이 탈 같은 것을 쓰고 춤과 연기를 보여줄 ❸ ______ 공연이 있으며, 밤에는 밤하늘을 화려하게 수놓을 ❹ ______ 이/가 펼쳐질 것입니다. 마지막 날에는 올 한 해 농사의 풍년을 기원하는 ❺ ______ 놀이가 행해질 것입니다. 그리고 공연에 참가한 예술인들과 시민들이 모두 함께 거리에서 하는 ❻ ______ 도 준비되어 있습니다.

문법

–던가요?

3. 다음은 미선의 일기입니다. 대화를 완성하십시오.

> 지난 주말에 봉평 메밀꽃 축제에 다녀왔다. ❶ **날씨가 화창해서** 봉평은 주말 내내 축제를 즐기려는 사람들로 ❷ **많이 붐볐다.** 메밀꽃밭의 경치는 역시 듣던 대로 ❸ **볼 만했고** 메밀꽃밭에서 벌어진 ❹ **농악은 아주 흥겨웠다.** 게다가 그곳에서 맛본 메밀 막국수와 메밀 부침개는 ❺ **내 입에 맞았다.** 그리고 이효석 문학관에서 소설 '메밀꽃 필 무렵'에 대한 설명도 들었는데 아주 ❻ **유익했다.**

미선 : 지난 주말에 봉평 메밀꽃 축제에 다녀왔어요.

정희 : 그래요? ❶ 거기도 날씨가 화창하 던가요?

미선 : 네. 다행히 날씨가 아주 화창했어요.

정희 : ❷ .... 던가요?

미선 : 주말이어서 그런지 많이 붐볐어요.

정희 : ❸ .... 던가요?

미선 : 역시 듣던 대로 볼 만하더군요. 아 참, 그리고 농악도 구경했어요.

정희 : ❹ .... 던가요?

미선 : 아주 흥겹던데요. 그리고 메밀 막국수와 메밀 부침개도 먹어 봤어요.

정희 : ❺ .... 던가요?

미선 : 제 입에 맞던데요. 그리고 이효석 문학관에서 소설에 대한 설명도 들었어요.

정희 : ❻ .... 던가요?

미선 : 네, 소설의 배경을 잘 이해할 수 있게 돼서 아주 유익했어요.

4. '–던가요?'를 사용해 다음 대화를 완성하십시오.

❶ 가 : 지난 설날에 고향에 내려가서 어른들께 세배를 드리고 왔어요.

나 : 어른들께서 무슨 덕담을 해 주시 던가요?

❷ 가 : 지난 주말에 가면극 공연을 보고 왔어요.

나 : .... 던가요?

❸ 가 : 지난달에 산 제품을 교환하러 백화점에 갔다 왔어요.

나 : .... 던가요?

❹ 가 : 오늘 제 친구가 약혼자를 소개해 줬어요.

나 : .... 던가요?

❺ 가 : 이사를 해야 해서 도시 근교로 집을 보러 갔다 왔어요.

나 : ....

❻ 가 : 사주 카페에 사주를 보러 갔다 왔어요.

나 : ....

-도록[2]

5. 다음 [보기]의 문장을 사용해 대화를 완성하십시오.

[보기]			
	눈이 빠지다	귀가 닳다	죽다
	손이 발이 되다	입이 닳다	입에 침이 마르다

❶ 가 : 너는 다른 사람한테 폐를 끼치는 일이 없는 것 같아.

나 : 어렸을 때부터 어머니한테서 다른 사람한테 절대로 폐를 끼치면 안 된다는 말을 귀가 닳 도록 들었거든.

❷ 가 : 아이한테 크리스마스 선물로 게임기를 사 준다고 하셨다면서요?

나 : 네, 그래서 우리 아이가 .... 도록 크리스마스를 기다리고 있답니다.

❸ 가 : 다음에는 절대로 약속을 어기지 않을게. 한번만 용서해 줘.

나 : .... 도록 빌어도 소용없어.

❹ 가 : 아까 봤던 영화는 정말 감동적이었지?

나 : 응, ... 도록 사랑하는 두 남녀 주인공이 결국 헤어지게 돼서 너무 슬펐어.

❺ 가 : 미선 씨는 미모와 학식도 갖춘데다가 예의도 바르다면서?

나 : 응. 다들 .... 도록 칭찬하잖아.

❻ 가 : 주식 투자에 실패해서 손해를 많이 봤어.

나 : 주식 투자는 위험부담이 많으니까 조심하라고 내가 .... 도록 말했는데 또 내 말을 듣지 않았구나.

6. '-도록'을 사용해 다음 대화를 완성하십시오.

❶ 가 : 지금 누구를 기다리고 계세요?
나 : 친구가 약속 시간이 다 되 도록 오지 않네요.

❷ 가 : 안색이 안 좋은 것 같은데 어디 아프세요?
나 : 친구가 어제 우리 집에 왔는데 ______________ 도록 얘기하느라고 한숨도 못 잤어요.

❸ 가 : 시험이 얼마 남지 않았는데 아이가 공부를 열심히 해요?
나 : 열심히 하기는요, ______________ 도록 밖에서 놀기만 해요.

❹ 가 : 영수 씨는 여자 앞에만 있으면 수줍어하더라.
나 : 응, 그래서 ______________ 도록 데이트를 한 번도 못해 봤잖아.

❺ 가 : 유학을 간 미선 씨한테서 연락이 가끔 오나요?
나 : 웬걸요, ______________

❻ 가 : 어제 회의가 있었다던데 무슨 결정이 났어요?
나 : 아니요, ______________

9과 4항

어휘

1. 다음 [보기]에서 알맞은 말을 골라 빈 칸에 쓰십시오.

[보기] 따로따로 어버이날 기념일 챙기다 근로자

❶ 친구들이 내 생일만 되면 꽃이나 선물을 사 주면서 생일을 꼭 (챙겨)~~아/어/여~~ 준다.

❷ 한국에서는 ( )에 부모님께 카네이션 꽃을 선물하는 풍습이 있다.

❸ 더운 날씨에도 해외 각지에서 열심히 일하고 있는 해외 ( )들이 있다.

❹ 재활용 쓰레기는 종이와 병, 플라스틱 등을 ( ) 분리해서 모아야 한다.

❺ 요즘 젊은이들은 각종 ( )이/가 돌아오면 너 나 할 것 없이 선물을 주고받는다.

2. 다음 [보기]에서 알맞은 말을 골라 빈 칸에 쓰십시오.

[보기] 기념관 기념식 기념전 기념품 기념사진 기념우표

올해에도 한글날을 맞이하여 한글날 ❶ 기념식 이/~~가~~ 10월 9일 오전 10시 서울문화회관 대강당에서 열렸다. 이 날 한글 발전에 기여한 수상자들의 ❷ .... 촬영과 함께 참석한 사람 모두에게 작은 ❸ .... 을/를 나눠 줬다. 그리고 새로 지은 세종대왕 ❹ .... 개관식이 많은 손님들을 모신 가운데 진행되었다. 한편 10월 1일부터 31일까지는 경복궁 내 민속박물관에서 한글날 ❺ .... 이/가 열리는데, 한글을 주제로 한 다양한 작품 약 250점이 전시될 예정이다. 이번에 발행된 ❻ .... 도 판매될 것이라고 한다.

YONSEI KOREAN WORKBOOK 4

문법

그러고 보니

3. 다음 상황에 맞게 대화를 완성하십시오.

❶ 다음 주가 정희 씨의 결혼기념일이다.

미선 : 정희 씨는 언제 결혼하셨어요?
정희 : 결혼한 지 3년 됐어요. 그러고 보니 결혼기념일이 얼마 안 남았군요.

❷ 매달 15일이 정희 씨가 하숙비를 내는 날인데 아직 안 냈다.

미선 : 월말인데 그동안 시간이 없어서 하숙비를 아직도 안 냈어요.
정희 : 그러고 보니 ______

❸ 날마다 일찍 오던 영수 씨가 오늘 안 보인다.

미선 : 오늘 영수 씨가 회사 일이 있어서 모임에 못 온대요.
정희 : 그러고 보니 ______

❹ 영미 씨가 유명 연예인 김소라와 닮은 것 같다.

미선 : 영미 씨가 김소라와 많이 닮지 않았어요?
정희 : 그러고 보니 ______

❺ 정희 씨는 소금을 넣는 것을 깜박 잊었다.

미선 : 음식 맛이 왠지 싱겁네요. 뭐 안 넣으신 것 아니에요?
정희 : 그러고 보니 ______

❻ 길거리에 짧은 치마를 입은 여자들이 많다.

미선 : 작년 이맘때는 긴 치마가 유행이더니 요즘은 짧은 치마가 유행이래요.
정희 : 그러고 보니 ______

4. '그러고 보니'를 사용하여 다음 대화를 완성하십시오.

❶ 가 : 요즘 인터넷 쇼핑에 푹 빠졌어요.
나 : 그러고 보니 그 신발도 못 보던 신발이네요.

❷ 가 : 이 옷이 유명 디자이너가 만든 옷이래요.
나 : 그러고 보니

❸ 가 : 한국에서는 내일이 어버이날이래요.
나 : 그러고 보니

❹ 가 : 오늘이 근로자의 날이라서 대부분의 회사가 다 쉬어요.
나 : 그러고 보니

❺ 가 : 요즘 영수 씨가 건강에 신경을 많이 쓴대요.
나 :

❻ 가 : 밤새도록 시험 공부하느라고 잠을 못 잤어요.
나 :

그렇다고 -을 수는 없지요

5. 다음 글을 읽고 대화를 완성하십시오.

> 명절이 반드시 즐겁기만 한 것이 아닌 것 같다. 명절만 되면 너 나 할 것 없이 고향으로 내려간다. ❶ <u>고속도로는 귀성 차량으로 밀려서 차 안에 오랜 시간 있다 보니 몸은 너무 피곤하다.</u> 게다가 ❷ <u>여자들은 음식 준비가 여간 힘들고 귀찮은 것이 아니다.</u> ❸ <u>혼기를 놓친 사람들은 고향 친지들한테서 결혼을 언제 하냐는 소리를 귀가 닳도록 지겹게 듣는다.</u> ❹ <u>맛있는 음식을 앞에 두고 이것저것 먹다 보면 금방 살이 찌게 마련이다.</u> 그리고 ❺ <u>부모님이며 친지들이며 선물할 사람이 많아서 경제적으로 부담스럽기만 하다.</u> ❻ <u>명절에도 회사에 나가야 하는 사람들은 명절이라서 더 우울하다.</u>

❶ 가 : 차를 오래 타서 피곤하겠어요.
나 : 그렇다고 고향에 안 갈 ~~을/ㄹ~~ 수는 없지요.

❷ 가 : 차례 음식은 손이 많이 가서 준비하기가 힘드시지요?

나 : 그렇다고 .... 을/ㄹ 수는 없지요.

❸ 가 : 결혼을 언제 하냐는 소리가 지겹지 않으세요?

나 : 그렇다고 .... 을/ㄹ 수는 없지요.

❹ 가 : 명절 음식은 열량이 높아서 이것저것 먹다 보면 살이 금방 찌게 되는 것 같아요.

나 : 그렇다고 .... 을/ㄹ 수는 없지요.

❺ 가 : 선물을 줘야 할 사람이 많아서 경제적으로 부담이 돼요.

나 : 그렇다고 .... 을/ㄹ 수는 없지요.

❻ 가 : 명절인데 회사에서 일해야 하니 우울하겠어요.

나 : 그렇다고 .... 을/ㄹ 수는 없지요.

6. '그렇다고 –을 수는 없지요'를 사용해 다음 대화를 완성하십시오.

❶ 가 : 기름값이 많이 오른 것 같던데 요즘도 차를 가지고 다니세요?

나 : 그렇다고 .... 차를 안 갖고 다닐 .... ~~을/ㄹ~~ 수는 없지요.

❷ 가 : 두통약을 먹으면 소화가 안 되지 않아요?

나 : 그렇다고 .... 을/ㄹ 수는 없지요.

❸ 가 : 신부가 준비하는 혼수 중에 불필요한 게 너무 많은 것 같아요.

나 : 그렇다고 .... 을/ㄹ 수는 없지요.

❹ 가 : 약속 시간이 6시라면서 지금 퇴근 안 해도 돼요?

나 : 그렇다고 .... 을/ㄹ 수는 없지요.

❺ 가 : 친구가 집들이에 아무 선물도 준비하지 말고 그냥 오라고 했다면서요?

나 : ....

❻ 가 : 아이가 장난감을 갖고 싶어서 사 달라고 조르는데 사 주는 게 편하지 않아요?

나 : ....

9과 5항

듣기 연습

CD : 09

※ 다음을 듣고 질문에 답하십시오.

1. 제목으로 알맞은 것은 무엇입니까? ( )

❶ 도자기의 역사
❷ 한국의 전통 공연
❸ 이천 도자기 축제 소개
❹ 가정의 달 5월의 행사 안내

2. 행사 내용과 <u>다른</u> 것은 무엇입니까? ( )

❶ 호수를 따라 세계 여러 작품들이 전시되어 있다.
❷ 자신이 직접 만든 도자기를 현장에서 판매할 수 있다.
❸ 신발과 양말을 신지 않고 흙을 밟아 보는 체험도 있다.
❹ 차 문화와 관계있는 유럽과 한국의 도자기를 비교 감상할 수 있다.

3. 첫 날과 마지막 날에 하는 행사를 ( ) 안에 쓰십시오.

첫 날 – 무용단의 ( ) 공연, 유명 가수의 축하 공연
마지막 날 – 유명 가수의 공연, ( )

YONSEI KOREAN WORKBOOK 4

읽기 연습

※ 다음을 읽고 질문에 답하십시오.

해마다 5월이나 10월이 되면 각 대학교마다 대학 축제가 열린다. 한국의 대학 축제의 모습은 어떻게 변해 왔을까?

1950년대에서 60년대까지는 ㉠ **<u>흥미로운 행사</u>**가 많았다. 학식과 미모를 갖춘 5월의 여왕을 뽑는 대회라든가 남학생들과 여학생들이 한 자리에 모여 만남을 가지는 쌍쌍파티라든가 가장행렬, 포크 댄스, 마라톤, 체육 대회 같은 것이 있었다.

1970년대에는 낭만적인 서양 문화의 영향을 받은 행사와 함께 우리의 전통놀이인 민속 가면극, 탈춤 등이 행해졌다. 그리고 군사 문화의 영향으로 인해 군악대나 의장대가 앞에 서는 시가행진도 인기였다.

1980년대에는 대부분의 대학에서 축제를 '대동제'라는 이름으로 불렀다. 그것은 모두가 하나가 된다는 뜻이다. 축제에서 학생들이 모였다 하면 정치에 반대하는 시위를 하곤 했고, 축제의 성격은 획일적이 될 수밖에 없었다.

1990년대 이후부터는 축제가 ㉡ **<u>다양한</u>** 모습을 보였다. 축제가 열리면 붐비는 곳은 연예인을 초대해서 하는 공연이나 술과 안주를 파는 '장터'였다.

2000년대에 들어와서는 여러 가지 게임 경연 대회 같은 색다른 행사가 생겼고 연예인 초청 공연과 장터 등의 상업화에 대한 비판이 일기도 한다.

1980년대 중반에 대학을 다닌 사람들은 지금의 축제를 즐기는 신세대들을 보면서 부러워하기도 하고 신기해하기도 한다. 과연 어느 시대의 축제가 바람직한 대학 축제의 모습일까? 각 시대의 대학 축제의 장점은 살리고 문제점은 줄여 가면서 대학 축제가 발전해 나가야 할 것이다.

1. 위 글의 중심 내용은 무엇입니까? ( )

❶ 대학 축제의 역사
❷ 대학 축제의 목적
❸ 대학 축제의 행사 내용
❹ 바람직한 대학 축제의 모습

2. ㉠ 흥미로운 행사의 예로 말한 것을 모두 쓰십시오.

3. ㉡ 다양한과 반대되는 뜻을 가진 단어를 하나 찾아서 쓰십시오.

4. 위 글의 내용과 다른 것은 무엇입니까? (   )

❶ 1970년대에 전통 문화를 찾으려는 대학 축제 행사로 가면극, 탈춤 등이 있었다.
❷ 1980년대에 정치에 반대하는 시위를 하기 위해서 대학 축제에 모였다.
❸ 1990년대의 대학 축제에서 인기가 있는 것은 가수 공연과 장터였다.
❹ 2000년대에는 대학생들이 상업적 이익을 얻으려고 인기 가수를 부르기도 한다.

말하기 · 쓰기 연습

1. 배운 문법을 사용해 친구에게 질문하고 대답하십시오.

질 문	친 구 1	친 구 2
❶ 여러분 나라의 명절이나 생일 풍습을 소개해 보십시오. (–으라고, –는다든가, –도록)		
❷ 명절 풍습을 따르는 것이 귀찮지 않으세요? (왜 –지 않겠어요? 그렇다고 –을 수는 없지요)		
❸ 세계 경제가 언제쯤 좋아질까요? (–으로 봐서는)		
❹ 여러분의 여행 경험담을 이야기해 보십시오. (그러고 보니, –던가요?)		

2. 다음 글을 읽고 지금까지 지켜지거나 사라져 가는 풍습들에 대해 어떻게 생각하는지 몇 가지 풍습을 예로 들어 써 보십시오. 계속 지켜져야 된다고 생각합니까? 아니면 바뀌어져야 된다고 생각합니까?

> 한국에서는 명절에 고향에 돌아가서 가족과 친지들을 만나고 차례를 지내는 풍습이 있다. 가족과 친지들을 위해 맛있는 음식을 준비하고 오랜만에 만난 사람들과 이야기도 나누며 즐거운 시간을 보낸다. 그리고 조상들을 위해 상을 차리고 절을 올리면서 그들을 기억한다. 그리고 돌, 회갑, 칠순이나 결혼식에는 잔치를 크게 열어 여러 사람이 같이 축하해 준다. 그런데 점점 시대가 변함에 따라 이런 형식도 더 간단해지거나 사라져 가기도 한다. 지나치게 형식적이고 부담이 되는 풍습은 없어져도 되겠지만 사람들 간의 정을 나눌 수 있는 아름다운 전통은 지켜져야 할 것이다.

관용어 2

1. 낯을 가리다
낯선 사람을 보면 피하거나 불편해하다
- 제가 낯을 가리는 편이어서 처음 보는 사람하고는 얘기를 잘 못해요.

2. 귀에 못이 박이다
듣기가 싫을 정도로 같은 말을 계속 되풀이할 때 쓰는 말
- 그 말은 너무 자주 들어서 이젠 귀에 못이 박였다.

3. 눈 코 뜰 새가 없다
아주 정신없이 바쁘다
- 밀린 회사 일을 하느라고 눈 코 뜰 새가 없다.

4. 엎드리면 코 닿는다
아주 가까운 곳에 있다
- 학교가 엎드리면 코 닿을 데에 있어서 편하다.

5. 낯이 두껍다
부끄러워하지 않다
- 큰 죄를 짓고도 아무렇지 않게 사람들 앞에 나서다니 정말 낯이 두껍다.

6. 입이 무겁다
비밀을 잘 지키다
- 영수 씨는 입이 무거우니까 영수 씨한테는 말해도 돼.

7. 귀를 기울이다
주의하여 잘 듣다
- 내 친구는 내가 해 준 충고에 전혀 귀를 기울이지 않다가 결국 크게 실패했다.

8. 금이 가다
안 좋은 사이가 되다
- 돈 문제로 좋았던 관계에 금이 갔다.

9. 맛이 가다
맛이 상하다
- 날씨가 더워져서 그런지 음식이 쉽게 맛이 간다.

10. 어깨가 무겁다
부담감이나 책임감이 느껴지다
- 장남이어서 가족들을 책임져야 하니까 어깨가 무겁다.

관용어 2 연습

1. 가 : 요즘 우리 어머니가 나한테 공부하라고 ________________ 도록 말씀하셔서 괴로워.
나 : 하루에 몇 번이나 말씀하시는데?
가 : 나하고 눈 마주칠 때마다.

2. 가 : 저는 기숙사에 살아요.
나 : 어학당 바로 뒤에 있는 국제학사 말입니까? ________________ 을/ㄹ 데에 사시는군요.

3. 가 : 김 선생님께 이번 일에 대해 이야기해도 될까요?
나 : 김 선생님은 ________________ 은/ㄴ 분이니까 이야기해도 될 거예요.

4. 가 : 이번에 부장님으로 승진되셔서 기쁘시겠어요.
나 : ________________ 을/ㄹ 따름입니다.

5. 가 : 아기가 아주 귀엽네요.
나 : 그런데 ________________ 어서/아서/여서 낯선 사람만 보면 울어요.

6. 가 : 수박을 왜 버리려고 그래?
나 : 먹어 봤더니 ________________ 은/ㄴ 것 같아서…….

7. 가 : 요즘 어떻게 지내세요?
나 : 대학원 수업이며 회사일이며 집안일이며 할 일이 많아서 ________________ 어요/아요/여요.

8. 가 : 어떤 정치가가 훌륭한 정치가일까요?
나 : 국민들 말에 ________________ 을/ㄹ 줄 아는 사람이 훌륭한 정치가지요.

9. 가 : 다들 줄 서 있는데 저 사람이 새치기를 하는군요.
나 : 정말 ________________ 네요.

10. 가 : 정희 씨가 남자 친구하고 헤어졌나 보지? 같이 붙어 다니는 모습을 못 봤어.

나 : 집안 문제로 두 사람 사이에 ______________ 은/ㄴ 지 오래 됐어.

제10과 현대를 살아가는 사람들

10과 1항

어휘

1. 다음 [보기]에서 알맞은 말을 골라 빈 칸에 쓰십시오.

[보기] 쫓기다 충분히 회의 의식적 버릇 도대체

❶ 매일 8시간 이상 자니까 수면을 (충분히) 취하는 편이다.

❷ 그 친구와 사소한 문제로 다투게 된 후 ( )으로/로 그 친구를 피하게 된다.

❸ 친구가 이유 없이 자주 변덕을 부리는데 ( ) 그 친구의 진심을 알 수가 없다.

❹ 나는 주위 사람들로부터 다리를 떠는 ( )을/를 고치라는 충고를 많이 듣는다.

❻ 열심히 일했는데도 인정을 못 받으니 과연 내가 뭘 위해 살았는지 인생에 ( )이/가 든다.

2. 다음 [보기]에서 알맞은 단어를 찾아 빈 칸에 쓰십시오.

[보기] 과로사 우울증 경쟁하다 도전하다 몰두하다 불안하다

우리나라 40대 직장인의 ❶ 과로사 비율이 OECD국가 중 가장 높은 것으로 나타났다. 실제로 40대 직장인들은 업무에 대한 스트레스 및 조기 퇴직 등으로 자신의 미래에 대해 ❷ ______ 어/아/여 하는 것으로 나타났다. 또한 다른 동료들에게 뒤떨어지지 않기 위해 ❸ ______ 다 보니 항상 스트레스가 쌓이고 심한 경우 자신의 열등감으로 인해 ❹ ______ 에 걸리기도 한다. 이에 대해 이성철 정신과 전문의는 "직장 스트레스는 일에만 지나치게 ❺ ______ 는/은/ㄴ 사람들에게 생기는 정신적인 병이므로, 이런 사람들은 주말에 취미 생활을 통해 또 다른 삶의 보람을 찾는 것이 중요하며 새로운 일에 ❻ ______ 어/아/여 보는 것도 자신감 회복에 도움이 된다."고 충고했다.

문법

-게

3. 다음 문장을 완성하십시오.

❶ 오늘 무슨 일이 있나? 아주머니가 음식을 많이 만드시 게.

❷ 아주머니, 오늘 누구 생일이에요? ______ 게요.

❸ 영희야, ______? ______ 게.

❹ 정미야, ______? ______ 게.

❺ 미선 씨, ______? ______ 게요.

❻ 마리아, ______? ______ 게.

4. '-게'를 사용해 다음 문장을 완성하십시오.

❶ 제시간에 퇴근하는 영수 씨가 아직도 퇴근하지 않고 남아 있다.
→ 일이 안 끝났나? 영수 씨가 아직도 회사에 남아 있 게.

❷ 지난주에 친구에게 메일을 보냈는데 아직도 답장이 없다.
→ 친구가 아직도 내 메일을 못 봤나? ______ 게.

③ 평소에 자주 오는 마을 버스가 30분이 넘도록 오지 않는다.

→ 버스가 고장이 났나? .... 게.

④ 평소에 친절하신 부장님이 오늘은 화를 많이 내신다.

→ 부장님한테 무슨 일이 있었나? .... 게.

⑤ 서울광장에 많은 사람들이 모여 있다. TV 카메라도 많이 보인다.

→ ....? ....

⑥ 인터넷 사이트에 비밀번호를 입력했는데도 로그인이 안 된다.

→ ....? ....

–을까 보다

5. 관계 있는 문장을 연결해서 한 문장으로 만드십시오.

① 어제 산 옷이 마음에 안 든다. •	• '외식이나 할까?'
② 월급은 많지만 일이 힘들다. •	• '다른 것으로 바꿀까?'
③ 집에서 음식 준비하기 귀찮다. •	• '생일 파티에 가지 말까?
④ 주식 값이 자꾸 떨어진다. •	• '솔직히 말해 버릴까?
⑤ 친구에게 비밀로 한 게 미안하다. •	• '주식을 팔아버릴까?'
⑥ 친구의 생일선물 준비를 안 했다. •	• '회사를 그만둘까?'

① 어제 산 옷이 마음에 안 드는데 다른 것으로 바꿀까 ~~을까/ㄹ까~~ 봐요.

② 월급은 많지만 일이 힘들어서 .... 을까/ㄹ까 봐요.

③ .... 을까/ㄹ까 봐요.

④ .... 을까/ㄹ까 봐요.

⑤ .... 을까/ㄹ까 봐요.

⑥ .... 을까/ㄹ까 봐요.

6. '–을까 보다'를 사용해 다음 대화를 완성하십시오.

❶ 가 : 이번 선거에서 어느 후보에게 투표하실 생각이에요?
나 : 글쎄요, 특별히 마음에 드는 후보도 없고 하니까 투표를 하지 말까 ~~을까/ㄹ까~~ 봐요.

❷ 가 : 중국어를 배우신다면서요? 중국어 실력이 많이 늘었어요?
나 : 늘기는요. 아무리 열심히 해도 중국어 실력이 늘지 않아서 ……………………

❸ 가 : 요즘 많이 바쁘실 텐데 승진 축하 파티는 어떻게 하실 생각이에요?
나 : 다들 업무가 많아서 바쁘니까 ……………………

❹ 가 : 자동차로 출퇴근하시니까 기름값이 많이 들지요?
나 : 네, 그래서 ……………………

❺ 가 : 회사 근처 오피스텔에 사니까 가까워서 좋겠어요.
나 : 하지만 ……………………

❻ 가 : 과장님 때문에 아직도 그렇게 스트레스를 많이 받아요?
나 : ……………………

10과 2항

어휘

1. 다음 [보기]에서 알맞은 단어를 골라 빈 칸에 쓰십시오.

[보기] 보상 심하다 키우다 만능 물질

❶ 이번에 출시된 신제품은 영상 통화, TV 시청 등이 되는 (만능) 휴대전화이다.

❷ 옛날에 비하면 요즘 사람들은 정신적인 것보다 ( )적인 가치를 중요하게 생각하는 경향이 있다.

❸ 회사의 육아 시설이 부족해 맞벌이 부부들이 어린 자녀를 ( )는/은/ㄴ 데 어려움이 많다.

❹ 회사의 잘못으로 제품에 하자가 있는 경우에는 구매자에게 ( )을/를 해 줘야 한다.

❺ 현대 사회는 돈으로 모든 것을 해결하려는 경향이 갈수록 ( )어지고/아지고/여지고 있다.

2. 다음 [보기]에서 알맞은 말을 골라 빈 칸에 쓰십시오.

[보기] 민주주의 이기주의 민족주의 인본주의 물질만능주의 외모지상주의

❶ 대한민국의 건국 사상은 '인간이 모든 것의 중심이 된다'는 (인본주의)에 기본을 두고 있다.

❷ 현대사회의 문제점 중의 하나는 다른 사람에게 피해를 주면서까지 자신의 이익을 지키려는 ( )이/가 심해지고 있다는 것이다.

❸ 한국은 국민의 자유와 권리를 중요시하는 ( ) 국가로서 국민은 선거를 통해 정치에 직접 참여할 수 있다.

❹ 실력보다는 외모로 사람을 판단하는 ( )이/가 심해져서 무리하게 성형 수술을 하는 사례가 늘고 있다.

❺ 경제 상황이 악화되고 일자리가 줄면서 한국인들 사이에서도 외국인 근로자들의 국내 취업에 반대하거나 차별하는 ( ) 문제가 심각해지고 있다.

❻ 돈으로 모든 것을 보상할 수 있다는 ( )은/는 현대 사회가 낳은 위험한 현상 중의 하나다.

문법

–는 셈이다

3. 다음 문장을 완성하십시오.

❶ 재고 의류 파격 세일
→ 50만 원짜리 정장을 10만원에 샀으니 거의 ....공짜로 산........ ~~는/은/ㄴ~~ 셈이다.

❷ 월급 5% 올라, 생활비 10% 이상 올라
→ 월급이 올랐지만 생활비가 더 많이 나가니 .... 는/은/ㄴ 셈이다.

❸ 우리 회사 올해 수출 목표 20억, 실제 수출 달성액 19억
→ 요즘 같은 경제 상황에 이만큼 했으면 .... 는/은/ㄴ 셈이다.

❹ 우리나라 축구팀, 세계 최강팀에 아쉽게 1–0으로 패함.
→ 우리 팀이 졌지만 .... 는/은/ㄴ 셈이다.

❺ 환율, 1년 전보다 30% 이상 올라
→ 학비는 작년보다 올랐지만 생활비는 ....

❻ 인터넷 전화 이용시 인터넷 통신 이용 요금 2만원 부담, 국내 전화비 무료
→ ....

4. '–는 셈이다'를 사용해 다음 대화를 완성하십시오.

❶ 가 : 지난달보다 월급이 10만원이나 올랐어요.
나 : 하지만 지난달에 업무가 많아 야근까지 한 걸 계산해 보면 ....월급을 적게 받은........ ~~는/은/ㄴ~~ 셈이에요.

❷ 가 : 와, 한 달 만에 체중이 3kg 줄었다면서? 살이 빠져서 좋겠다.
나 : 저녁도 안 먹고 매일 2시간씩 운동한 걸 생각하면 .... 는/은/ㄴ 셈이에요.

❸ 가 : 이번에 주가 상승으로 100만 원 이상 이익을 봤다지요? 축하해요.
나 : 하지만 작년에 손해 본 것과 고생한 것을 계산하면 .... 는/은/ㄴ 셈이에요.

❹ 가 : 아침을 굶으면 열량 섭취를 너무 적게 하는 거 아니에요?
나 : 저녁에 .... 는/은/ㄴ 셈이에요.

❺ 가 : 이번에 과장으로 승진하셨다면서요? 승진이 빠르신 거지요?
나 : ....

❻ 가 : 이번 기말 듣기 시험에서 90점을 받았다면서? 중간 시험 때보다 성적이 오른 거지?
나 : ....

–이라야

5. 다음 문장을 완성하십시오.

B 영화 미성년자 관람불가

❶ 만 19세 이상이라야 ~~이라야/라야~~ B 영화를 볼 수 있다.

주식회사 〈대한 무역〉 경력 사원 모집

❷ ______________ 이라야/라야 〈대한 무역〉에 입사 원서를 낼 수 있다.

대학생 신용 카드 발급 제한 – 직장인에게만 허용

❸ ______________ 이라야/라야 신용 카드를 발급받을 수 있다.

청소년 주류 판매 금지

❹ ______________ 이라야/라야 ______________

호텔 카지노 내국인 출입 금지

❺ ______________ 이라야/라야 ______________

연소득 800만원 이하 세금 감면

❻ ______________ 이라야/라야 ______________

6. '–이라야'를 사용해 다음 대화를 완성하십시오.

❶ 가 : 새 영화 시사회에 누구나 다 들어 갈 수 있어요?
나 : 초대권을 가진 사람이라야 ~~이라야/라야~~ 입장이 가능합니다.

❷ 가 : 지역 주민이 아닌데 이 도서관에서 책을 빌릴 수 있을까요?
나 : 아니요, ______________ 이라야/라야 도서 대출이 가능합니다.

❸ 가 : 배달 경력이 없는 초보자도 여기서 아르바이트를 할 수 있어요?
나 : 아니요, ______________ 이라야/라야 ______________

❹ 가 : 이 놀이 기구는 아무나 이용할 수 있어요?
나 : 아니요, ______________ 이라야/라야 ______________

❺ 가 : 회사 광고 모델 모집 공고를 보고 왔는데 전문 모델이 아니어도 괜찮아요?
나 : ______________

❻ 가 : 백화점에 주차하려고 하는데요. 구매 고객한테만 무료 주차 쿠폰을 줍니까?
나 : 네, ______________

10과 3항

어휘

1. 다음 [보기]에서 알맞은 말을 골라 빈 칸에 쓰십시오.

[보기] 굳이 지나치다 염증 보약 영양제 챙기다

❶ 인터넷 뱅킹을 이용하면 (굳이) 은행에 가지 않아도 된다.

❷ 자극적인 음식과 불규칙한 식사로 위에 ( )이/가 생겨서 속이 아프다.

❸ 체력이 떨어지는 아이들에게는 몸을 보호하고 튼튼하게 하는 ( )을/를 먹이는 것이 좋다.

❹ 우리 언니는 다른 사람의 일에 ( )게 신경을 쓰고 간섭을 하는 편이다.

❺ 평소 인스턴트 음식을 자주 먹는 편이라서 부족한 영양을 보충하기 위해 매일 ( )을/를 복용한다.

2. 다음 [보기]에서 알맞은 말을 골라 빈 칸에 쓰십시오.

[보기] 건강 보조 식품 채식 비만 만성피로 건강 검진 성인병

나는 평소에 건강을 생각해서 비타민제 등 ❶ 건강 보조 식품 을/를 꼭 챙겨 먹는다. 하지만 요즘 회사일이 많고 생활이 불규칙해지다 보니 항상 졸리고 온몸에 힘이 없는 ❷ .... 증상이 계속되었다. 걱정이 되어서 오늘 병원에 가서 혈압과 피 검사 등 ❸ .... 을/를 받았다. 의사 선생님은 검사 결과를 보시고는 내게 평균 체중보다 5kg나 더 나가니 ❹ .... 인 축에 든다고 하셨다. 또 불규칙한 식생활과 스트레스로 인해 당뇨, 고혈압 등 ❺ .... 에 걸릴 위험이 있으니 조심하라고 하셨다. 앞으로는 운동을 규칙적으로 하고 육식보다는 비타민이 풍부한 ❻ .... 중심의 식사를 해야겠다.

문법

-으로는

3. 다음을 보고 문장을 완성하십시오.

전문가의 말	"경제 사정이 좋아지기 어렵겠습니다."
신문 보도	"이번 지진으로 300명 이상이 사망했습니다."
소문	"두 사람이 사귀는 것이 틀림없다."
건강 검진 결과	"건강에 특별한 이상은 없다."
현재 경기 상황	"2 – 0으로 우리 팀이 이기고 있습니다."
정부 발표	"일자리를 늘려 실업 문제를 해결하도록 하겠습니다."

❶ 전문가의 말로는 ~~으로는/로는~~ 올해 경제 사정이 좋아지기 어렵겠대요.

❷ ………… 으로는/로는 …………

❸ ………… 으로는/로는 …………

❹ ………… 으로는/로는 …………

❺ ………… 으로는/로는 …………

❻ ………… 으로는/로는 …………

4. '-로는'을 사용해 다음 대화를 완성하십시오.

❶ 가 : 큰일났어. 중요한 서류를 어디에 두었는지 생각이 안 나.
나 : 직장 동료 말로는 ~~으로는/로는~~ 네가 서류를 가방에 넣었다던데. 한번 찾아 봐.

❷ 가 : 기름 없이 전기로만 달리는 자동차가 일반화되려면 얼마나 기다려야 할까?
나 : ………… 으로는/로는 전기 자동차가 일반화되기에 시간이 더 필요하대.

❸ 가 : 이번에 출시된 차가 성능도 좋고 가격도 저렴하다던데 너도 이번에 차를 구입하지 그래?
나 : ………… 으로는/로는 차를 구입할 여유가 없을 것 같아.

❹ 가 : 앞차가 갑자기 서는 바람에 교통사고가 난 거니까 앞차 운전자 잘못이에요.
나 : ………… 으로는/로는 당신이 앞차와의 차간 거리를 유지하지 않고 과속으로 달렸다던데요.

❺ 가 : 과장님이 이번 프로젝트를 언제까지 끝내야 한대요?
나 : …………

❻ 가 : 이번 입사 지원자 중에서 누가 우리 회사에 적합한 사람인 것 같습니까?
나 : …………

–을 필요가 없다

5. '– 을 필요가 없다'를 사용해 다음 문장을 만드십시오.

❶ 로봇 청소기 덕분에 ......힘들게 청소할...... ~~을/ㄹ~~ 필요가 없다

❷ 인터넷 뱅킹을 이용하면 .... 을/ㄹ 필요가 없다.

❸ 자동차 네비게이션을 이용하면 .... 을/ㄹ 필요가 없다.

❹ 홈쇼핑을 이용하면 .... 을/ㄹ 필요가 없다.

❺ 사이버 대학교에 등록하면 ....

❻ 번호 키를 설치하면 ....

6. '–을 필요가 없다'를 사용해 다음 대화를 완성하십시오.

❶ 가 : 이 백화점 카드를 사용하려면 연회비를 내야 합니까?
나 : 아니요, 손님은 VIP고객이니까 ......연회비를 낼...... ~~을/ㄹ~~ 필요가 없습니다.

❷ 가 : 입사 원서를 직접 회사에 가서 제출해야 합니까?
나 : 아니요, 직접 .... 을/ㄹ 필요가 없이 인터넷으로 제출하시면 됩니다.

❸ 가 : 아파트에 살면 관리비 외에 전기세, 난방비를 따로 내요?
나 : 아니요, 관리비에 포함되어 있으니까 .... 을/ㄹ 필요가 없어요.

❹ 가 : 민수가 내게 한 말 때문에 좀 신경이 쓰여. 나한테 안 좋은 감정이 있는 걸까?
나 : 민수는 원래 농담이 심한 편이니까 .... 을/ㄹ 필요가 없어요.

❺ 가 : 이번에 이사하셨는데 이삿짐을 싸느라고 힘들지 않았어요?
나 : ....

❻ 가 : 이 컴퓨터는 스피커가 내장되어 있어요? 아니면 따로 스피커를 구입해야 하는데…….
나 : ....

10과 4항

어휘

1. 다음 [보기]에서 알맞은 단어를 골라 빈 칸에 쓰십시오.

[보기] 단절 자살 증가하다 보급되다 터놓다 의사소통

❶ 조사 결과 그 사람의 죽음은 타살이 아니라 우울증으로 인한 (자살) ~~으로~~/로 밝혀졌다.

❷ 영수는 나의 모든 것을 솔직히 ( )고 말할 수 있는 유일한 친구다.

❸ 인터넷과 휴대전화가 널리 ( )으면서/면서 현대인들의 통신수단이 편리해졌다.

❹ 경제가 어려워지면서 청년 실업자수도 ( )고 있다.

❺ 처음 한국에 왔을 때 한국말이 서툴러서 주위 사람들과의 ( )에 어려움이 많았다.

❻ 바쁜 생활로 인한 부모와 자녀 간의 대화 ( )은/는 청소년 문제의 한 요인이다.

2. 다음 [보기]에서 알맞은 단어를 골라 빈 칸에 쓰십시오.

[보기] 따라서 예를 들면 또한 그 결과 우선 이외에도

외래어 표기법은 외국어와 외래어를 우리 글자로 어떻게 적을지를 규정한 것이다. 일반 한국인들은 외래어 표기법을 잘 모르다 보니 소리 나는 대로 적어 왔고 ❶ 그 결과 같은 어휘에도 여러 가지 표기가 나오게 되었다. ❷ ________ 한국인의 발음 구조에 맞는 외래어 표기 규칙이 필요하게 되었다. 몇 가지 중요한 외래어 표기법을 살펴보자.

❸ ________ 된소리(ㄲ, ㄸ, ㅃ, ㅆ, ㅉ)는 쓰지 않는다. ❹ ________ 'cafe'는 '까페'가 아니라 '카페'로, 'Paris'는 '빠리'가 아니라 '파리'로 쓴다. ❺ ________ 받침에는 'ㄱ, ㄴ, ㄹ, ㅁ, ㅂ, ㅅ, ㅇ'만 쓴다. 'coffee shop'은 '커피숖'이 아니라 '커피숍'으로, 'disket'은 '디스켙'이 아니라 '디스켓'으로 써야 한다.

이미 한국 사람들이 많이 사용해서 굳어진 것은 그대로 사용하는 것을 원칙으로 한다. 'model'은 '모델'로, 'vitamin'은 '비타민'으로 써야 한다. ❻ ________ 여러 가지 규칙이 있다.

문법

–고자

3. '–고자' 를 사용해 다음 문장을 완성하십시오.

회사 측 결정	이 유
회사 내 어린이집 운영	여직원들의 육아 문제를 해결할 수 있다.
회사 셔틀 버스 운영	직원들의 교통비 부담을 줄일 수 있다.
회사 내 외국어 강의	직원들의 외국어 실력을 높일 수 있다.
문화 센터 운영	직원들의 문화 생활에 도움을 줄 수 있다.
최신식 기계 설치	생산량을 늘릴 수 있다.
사장님과의 모임 개최	직원들의 문제를 직접 들을 수 있다.

❶ 직원들의 육아 문제를 해결하 고자 회사 내 어린이집을 운영하기로 했다.

❷ ______________ 고자 회사 셔틀 버스를 운영하기로 했다.

❸ ______________ 고자 ______________

❹ ______________ 고자 ______________

❺ ______________

❻ ______________

4. '고자' 를 사용해 다음 대화를 완성하십시오.

입 사 지 원 서

이 름	에 릭	연락처	010-123-4569
생년월일	1985년 10월 9일	취 미	태권도
학력	영국 XX 대학교 졸업		
	경영학 전공		
	한국 XX 대학교 대학원 석사		
경력	해외 봉사 활동 다수		
	현재 초등학교 대상 영어 교사		
	한국문화 알리미 회장		

금번 귀사 사원모집시험에 응시코자 하오니 전형하여 주시기 바랍니다.

2010년 1 월 10 일

지원자 에 릭 eric

❶ 면접 담당자 : 우리 <한국 무역>에 입사 지원서를 낸 이유를 말씀해 보세요.

에릭 : 제 전공을 살려서 열심히 일해 보 고자 이 회사에 입사 지원서를 제출했습니다.

❷ 면접 담당자 : 한국에서 석사 학위를 받았군요.

에릭 : 네, ______ 고자 한국 대학원에서 공부했습니다.

❸ 면접 담당자 : 태권도 3단이군요. 특별히 태권도를 배운 이유가 있습니까?

에릭 : 네, ______ 고자 태권도를 배웠습니다.

❹ 면접 담당자 : 해외 봉사 활동을 많이 하셨군요.

에릭 : 네, ______ 고자 ______

❺ 면접 담당자: 현재 하고 있는 봉사 활동에 대해 말씀해 보십시오.

에릭 : ______

❻ 면접 담당자: '한국 문화 알리미'라는 동아리를 만든 이유는 무엇입니까?

에릭 : ______

–음에 따라

5. '–음에 따라' 를 사용해 다음 문장을 완성하십시오.

현대 생활의 좋은 점	생활수준 향상으로 점점 여가 생활 다양해져… 의학 기술 발달로 점점 평균 수명 길어져… 과학 기술 발달로 점점 생활이 편리해져…
현대 생활의 문제점	혼인율 감소로 점점 출산율 낮아져… 직장에서의 과도한 업무로 점점 과로사 증가해… 의사소통 단절로 점점 가족 문제, 청소년 문제 생겨나…

❶ 생활 수준이 향상됨에 ~~음에/ㅁ에~~ 따라 여가 생활이 다양해졌다.

❷ ____________ 음에/ㅁ에 따라 평균 수명이 길어졌다.

❸ ____________ 음에/ㅁ에 따라 ____________

❹ ____________ 음에/ㅁ에 따라 ____________

❺ ____________

❻ ____________

6. '–음에 따라' 를 사용해 다음 대화를 완성하십시오.

❶ 기자 : 이번에 주가가 많이 떨어졌는데요. 요즘 주식 시장 상황은 어떻습니까?
경제 전문가 : 주가가 하락함에 ~~음에/ㅁ에~~ 따라 주식 투자자가 많이 줄어들었습니다.

❷ 기자 : 한국과 중국 간의 교류가 활발해지면서 어떤 변화가 나타나고 있습니까?
경제 전문가 : ____________ 음에/ㅁ에 따라 두 나라 유학생의 수가 급증하고 있습니다.

❸ 기자 : 왜 서울시 자전거 전용 도로를 만들게 되었습니까?
서울 시장 : ____________ 음에/ㅁ에 따라 ____________

❹ 기자: 환율이 계속 오르고 있는데 올해 외국인 관광객 수가 증가할 거라고 보십니까?
관광 공사 측: ____________ 음에/ㅁ에 따라 ____________

❺ 기자 : 예전에 비해 이 지역 교통 사고율이 높아진 이유가 무엇입니까?
교통 문제 전문가 : ____________

❻ 기자 : 올해 가계 소비가 급격히 줄어든 이유가 무엇입니까?
경제 전문가 : ____________

10과 5항

듣기연습

CD: 10

※ 다음을 듣고 질문에 답하십시오.

1. 한국 텔레콤의 인터넷 통신 서비스의 좋은 점이 무엇입니까?

❶ ....

❷ ....

❸ ....

2. 글의 내용과 같은 것은 O표, 다른 것은 X표 하십시오.

❶ 이 사람은 만 19세 이상이다. (　　)

❷ 계약 기간이 3년 이상이라야 이 서비스를 이용할 수 있다. (　　)

❸ 이 사람은 현재 다른 인터넷 통신을 이용하고 있다. (　　)

❹ 이 사람은 한국 텔레콤 서비스에 가입하기로 결정했다. (　　)

읽기 연습

※ 다음을 읽고 질문에 답하십시오.

최고의 실력을 갖춘 라이벌이 벌이는 승부는 항상 흥미롭다. 라이벌의 의미는 무엇일까?

라이벌이란 공동의 목표를 가진 경쟁자 가운데 실력이 비슷한 사람을 말한다. 이들은 목표를 향해 나란히 나아가면서 서로 끊임없이 경쟁한다. 인간이 사회를 이루며 살아감에 따라 경쟁은 피할 수 없다. 라이벌은 긴장을 늦출 수 없게 하는 가장 좋은 경쟁자다. 집중력을 발휘하게 해 한계 이상의 것까지 달성하게 하는 자극제가 되기도 한다. 또한 경쟁의 과정에서 자신도 몰랐던 내면의 도덕심, 윤리관 등의 정보가 드러나기 때문에 이를 통해 자신의 장단점을 객관화해서 개인적 능력을 발달시킬 수 있다. 경쟁적인 사람들이 경쟁을 회피하는 사람들보다 훨씬 빨리 발전하는 이유이다.

그러나 지나친 경쟁은 잘못된 결과를 가져오기도 한다. 라이벌 관계에 있는 사람을 질시하여 잘못된 수단과 방법으로 경쟁에서 이기려 하고 나아가 자신의 능력과 가치에 비관적인 마음을 갖게 되기도 한다.

올바른 경쟁 의식을 갖추기 위해서는 어린 시절부터 양심과 규칙에 대한 학습이 이뤄져야 한다. 또한 다른 사람에 대한 예절과 배려를 몸에 익히도록 해야 한다.

1. 라이벌이란 무엇인지 쓰십시오.

2. 라이벌이 갖는 좋은 점이 아닌 것은 무엇입니까? (　　)

❶ 지나친 경쟁을 피할 수 있게 한다.
❷ 집중력을 발휘하게 한다.
❸ 개인적인 능력을 발달시킨다.
❹ 자신의 내면의 장단점을 발견할 수 있다.

3. 지나친 경쟁 의식의 문제점과 그 해결책을 쓰십시오.

문제점	
해결책	

말하기 · 쓰기 연습

1. 배운 문법을 사용해 친구에게 질문하고 대답하십시오.

질문	친구1	친구2
❶ 자신의 소비 습관이나 문제점을 이야기해 보십시오. (–을까 보다, –는 셈이다)		
❷ 자신의 나라에서의 술, 담배, 운전 등의 규정에 대해 말하고 친구에게도 물어 보십시오. (–이라야)		
❸ 스트레스와 건강에 대한 고민을 말해 보고 서로 충고해 주십시오. (–을 필요가 없다)		
❹ 현대 사회의 문제점과 그 이유에 대해 말해 보십시오. (–음에 따라, –으로는)		

2. 다음은 현대 사회의 문제 중 다문화 가정의 문제에 대한 글입니다. 글을 읽고 자신의 생각을 쓰고 말해 보십시오.

한국은 원래 단일 민족 국가였지만 국가 간 교류가 다양해 지면서 한국인이 외국인과 결혼해 가정을 이루는 다문화 가정이 점점 늘고 있다. 이처럼 다문화 가정이 늘어남에 따라 여러 가지 사회 문제가 생겨나고 있다. 다문화 가정 문제를 해결하기 위해서는 무엇보다 정부의 노력이 중요하다. 우선 한국인과 결혼한 외국인들이 한국 문화에 적응할 수 있도록 한국어 교육이나 문화 교육 프로그램을 더욱 늘려서 그들이 한국 생활에 더욱 잘 적응할 수 있게 만들어야 한다. 또한 다문화 가정에 대한 한국 사람들의 의식 변화도 필요하다. '한민족 한국인'이 아니라 나와 다른 '남'을 나와 같다고 생각하는 '다르지만 같은 한국인'이라는 의식이 보편화되어야 할 것이다.

복습문제 (6과 - 10과)

Ⅰ. 다음 [보기]에서 알맞은 단어를 골라 빈 칸에 쓰십시오.

[보기]	숙면	운	쇠귀에 경 읽기	왠지	일과	근거	지출	구매
	아무튼	악몽	일단	선잠	과소비	일석이조	아무러면	

1. 나는 이메일을 확인하는 것으로 하루 .... 을/를 시작해요.
2. 이렇게 열심히 공부했는데 .... 내가 시험에 떨어지겠어요?
3. 자기 전에 따뜻한 물로 샤워하거나 따뜻한 우유를 마시면 .... 을/를 취할 수 있다.
4. 두 사람이 사귄다는 말은 전혀 .... 이/가 없는 소문으로 밝혀졌다.
5. 요즘 교육비 .... 이/가 많아서 이번 휴가에는 여행을 못 갈 것 같다.
6. 민수는 자기가 .... 이/가 없어서 시험에 떨어졌다고 생각하는 것 같았다.
7. 영수가 너무 자신 있어 하는 모습을 보고 나는 .... 불안한 생각이 들었다.
8. 오빠에게 담배를 끊으라고 여러 번 얘기했지만 .... 이에요/ 예요.
9. 어렸을 때는 귀신이 나오는 .... 을/를 자주 꾸었지만 지금은 별로 그런 꿈을 꾸지 않아요.
10. .... 점심부터 먹고 나서 다시 그 문제에 대해 의논해 봅시다.

Ⅱ. 다음 [보기]에서 알맞은 단어를 골라 빈 칸에 쓰십시오.

[보기]	타이르다	흔하다	빠뜨리다	대여하다	뒤떨어지다	나무라다
	신뢰하다	마주보다	몰두하다	무절제하다	쑥스럽다	

1. 그 사람은 성실하고 책임감이 있어서 .... 을/ㄹ 수 있습니다.
2. 아버지는 연예인이 되고 싶다는 동생에게 대학에 진학해서 준비해도 늦지 않다고 조용히 .... 으셨다/셨다.
3. 도시에서는 그렇게 .... 는/은/ㄴ 편의점을 이곳에서는 하나도 찾아 볼 수 없었다.
4. 수험표를 .... 고 안 가져오면 시험을 볼 수 없으니 주의하시기 바랍니다.
5. 요즘은 자전거를 .... 어/아/여 주는 공원이 많아졌어요.
6. 김 교수님은 최근 다른 일은 안 하시고 오직 전기차 기술 개발에만 .... 고 계신다.

7. 최근 대형 서점에서는 한 권의 책이라도 더 판매하기 위해서 인기 작가와 독자들이 ....고 대화를 나눌 수 있는 자리를 자주 마련하고 있다.

8. 그렇게 ....게 돈을 쓰다가는 나중에 후회하게 될 거야.

9. 많은 사람들 앞에서 노래를 부르려고 하니까 여간 ....지 않았다.

10. 우리 어머니는 시대에 ....는다는/ㄴ다는/다는 말을 듣지 않으려고 요즘 열심히 컴퓨터를 배우세요.

Ⅲ. 밑줄 친 단어의 쓰임이 맞지 않는 것을 고르십시오.

1. ( )

❶ 아버지는 소설책을 **즐겨 읽으시는** 편이다.

❷ 나는 평소에 청바지 같은 간편한 옷을 **즐겨 입는다.**

❸ 등산을 가기 전에는 꼭 일기예보를 **즐겨 봐야** 한다.

❹ 맵고 짠 음식을 **즐겨 먹어서** 그런지 요즘 속이 안 좋다.

2. ( )

❶ 나는 **상식을 기르기** 위해 열심히 한국어 수업을 듣는다.

❷ 수진이는 어릴 때부터 책을 많이 읽어서인지 여러 분야의 **상식이 풍부하다.**

❸ 저 사람은 장례식장에 빨간 옷을 입고 왔네. 너무 **상식이 없는** 거 아니야?

❹ 찜질방에서 땀을 내면 살이 빠진다는 건 잘못된 **건강 상식이라던데** 사실이에요?

3. ( )

❶ 최선을 다했으니 이제 결과는 **운에 맡길** 뿐이다.

❷ 은수 씨는 뭐든지 투자했다 하면 이익을 보니 **재물 운을 타고 난 게 틀림없다.**

❸ 제임스 씨가 이번에 시험도 보지 않고 대학에 들어갔다고? 정말 **운 좋은** 사람이야.

❹ 우리 팀은 실력이 뛰어나니까 이번 대회에서 **운이 있을** 거예요.

4. ( )

❶ 위염이 있으면 될 수 있는 대로 커피나 매운 음식 같은 **자극적인 음식**을 피해야 한다.

❷ 기숙사 룸메이트가 밤마다 듣는 시끄러운 음악 소리가 **내 수면을 자극해서** 도대체 잘 수가 없다.

❸ 요즘은 인터넷이나 신문 등에서 **호기심을 자극하는** 광고나 기사를 흔히 볼 수 있다.

❹ 건조한 봄 날씨에는 황사로 인한 먼지와 도시의 매연이 **피부를 자극해서** 피부염이 생기기 쉽다.

5. (　　)

❶ 민수 씨, 어디에 투자를 했는데 그렇게 단기간에 **이익을 냈어요?**

❷ 김 대리는 자기에게 **이익이 되지 않는** 일이라고 생각하면 절대 도와주지 않는 이기적인 사람이다.

❸ 한국 친구와 나는 언어 교환을 통해 서로 **이익을 주고받는** 사이다.

❹ 그동안 신제품 개발에 몰두한 결과 우리 회사는 이번에 신제품 판매로 10억 원이 넘는 **이익을 얻었다.**

Ⅳ. 다음 단어 중 3개 이상을 사용하여 문장이나 짧은 이야기를 만드십시오.

1.

[보기] 너 나 할 것 없이　굳이　지나치다　챙기다　영양제

2.

[보기] 얻다　꽤　신뢰하다　상식　덕을 보다　잘못하면

3.

[보기] 절약하다　무절제하다　신용카드　형편　웬만하다　현금

V. 다음 대화를 완성하십시오.

1. 가 : 생활비를 조금이라도 줄일 수 있는 좋은 방법이 없을까요?
나 : .... 자면 ....

2. 가 : 영어를 잘 하면 좋은 회사에 취직할 수 있나요?
나 : .... 만으로는 ....

3. 가 : 살을 빼겠다고 아무 것도 먹지 않고 하루 종일 물만 마시고 있어요.
나 : .... 으면/면 .... 는 수가 있어요.

4. 가 : 바쁘실 텐데 봉사활동을 참 열심히 하시는군요.
나 : .... 는/은/ㄴ 축에 드나요? 저보다 더 열심히 하는 사람들이 얼마나 많은데요.

5. 가 : 회의 시간이 다 됐는데 영철 씨가 안 오네요. 어떻게 하죠?
나 : .... 든 .... 든 ....

6. 가 : 사라 씨, 고향에 계시는 부모님하고 영상 채팅해 보셨어요?
나 : 네, 마치 .... 는/은/ㄴ 것처럼 ....

7. 가 : 그 사람이 낮에는 일하고 밤에는 학교에 다니면서 힘들게 공부했는데 이번에 일등으로 졸업을 한대요.
나 : .... 는다고/ㄴ다고/다고 참 잘 됐군요.

8. 가 : 한국 사람들은 보통 지하철이나 버스 같은 대중교통을 이용해요?
나: .... 는가/은/ㄴ가 하면 ....

9. 가 : 내일부터 백화점에서 전자제품을 30% 할인 판매한다더라.
나 : 그럴 줄 알았으면 .... 을/ㄹ걸 그랬어.

10. 가 : 철수야, ... 는다더라/ㄴ다더라/다더라.
나 : 그럼 오늘은 지하철로 출근하는 게 좋겠군요.

11. 가 : 미선 씨, 한국 음식이 어때요?
나 : ....네 ....네 해도 ....

12. 가 : 우체국에 가서 소포를 부쳐야 하는데 갈 시간이 없어요.
나 : 걱정 마세요. 제가 ....는/은/ㄴ 김에 ....

13. 가 : 지수에게 여기까지 오는 길을 자세히 가르쳐 줬는데, 왜 아직도 안 올까?
나 : 설마 ....는/은/ㄴ 건 아니겠지?

14. 가 : 저 가수는 춤을 잘 춰서 인기가 많은 것 같아요.
나 : ....도 ....이지만/지만 ....

Ⅵ. 다음을 완성하십시오.

1. 오늘 아침에 중요한 회의가 있어서 집에서 일찍 나왔는데 ....따라 ....
....

2. 아르바이트 일도 힘들고 스트레스도 많이 쌓이는데 ....을까/ㄹ까 봐요.

3. 그 사람이 ....는/은/ㄴ 게 틀림없어. 그 소식을 들었다면 저렇게 가만히 있지 않을 텐데…….

4. 저는 월급의 반 이상을 저축하니까 ....는/은/ㄴ 축에 들어요.

5. 제가 뭘 바라고 한 일도 아닌데 이렇게 상을 주시니 ....을/ㄹ 따름입니다.

6. ....는 바람에 선생님 설명을 듣지 못했어요.

7. 부자들은 모두 행복할 것 같지만 ....은/는 ....대로 ....

8. ....는다면야/ㄴ다면야/다면야 경험이 없어도 그 일을 잘 할 수 있을 거예요.

9. ______ 으니만큼/니만큼 계획을 잘 세워야 해요.

10. ______ 었으면야/았으면야/였으면야 이번과 같이 급한 일에 돈을 쓸 수 있었을 텐데.

11. ______ 으나마나/나마나 정호는 아직 자고 있을 거예요.

12. 시대가 바뀌면 ______ 게 마련이지요.

13. ______ 으라고/라고 친구들에게 초대장을 보냈어요.

14. 방학 때는 ______ 는다든가/ㄴ다든가 ______ 는다든가/ㄴ다든가 해요.

15. ______ 으로/로 봐서는 취업이 힘들어질 것 같습니다.

Ⅶ. 다음 문법 중 하나를 사용하여 밑줄 친 부분을 다시 쓰십시오.

[보기] –을 따름이다 –는 게 틀림없다 –음에 따라
–네 –네 해도 –는 바람에

1.

검찰은 수사를 통해 김 모 국회의원이 그동안 기업으로부터 부정한 자금을 받았다고 밝혔다. 김 모 국회의원은 기업으로부터 어떠한 자금도 받지 않았다고 주장하고 있지만 **여러 증거와 기업인들의 증언으로 봐서는 부정한 자금을 받은 게 분명하다.**

______

______

2.

산업화를 거치면서 가족 규모는 계속 작아지고 있다. 이를 '핵가족'이라고 하는데 **경제력을 갖춘 젊은이들이 미혼 상태에서 독립하는 경우가 많아지면서 1인만으로 구성된 가정도 적지 않다.**

______

______

3.

첨단 과학의 시대에도 사주 카페와 점집은 도시인들로 붐빈다. **사주나 점은 과학적인 근거가 없어서 신뢰할 수 없다고들 하고 또 재미로 즐길 뿐이라고들 하면서도 현대인들은 중요한 문제가 있으면 점을 보고, 날마다 신문에서 오늘의 운세를 확인한다.**

4.

오랜만에 고등학교 때 선생님을 찾아 뵈었다. 선생님은 화사한 미소로 나를 반겨 주셨다. **"공부하기 힘들 텐데 잊지 않고 찾아 와 줘서 정말 고맙다."고 말씀하시는 선생님께 오히려 내가 죄송하기만 했다.** 이제부터는 자주 연락을 드려야지.

5.

오늘 친구와 같이 전자 상가에 가서 노트북을 구경했다. **점원이 무이자 12개월에 세일도 많이 하는 좋은 기회라면서 자꾸 권해서 그만 노트북을 구입하고 말았다.** 따지고 보면 노트북은 당장 필요한 것도 아닌데다가 요즘 생활비 지출이 많아져서 형편도 안 좋은 편인데……. 앞으로는 무절제한 소비를 줄여야겠다.

부록

–듣기 지문

–모범 답안

듣기 지문

6과 5항 CD: 06

사회자 : '인터넷 포털 사이트의 신문 기사 제공 서비스'에 대한 찬반 토론을 진행하겠습니다. 먼저 박 기자 말씀해 주십시오.

박 기자 : 〈하나신문〉의 박성수 기자입니다. 한국의 신문 구독률은 계속 감소하는 반면 인터넷으로 신문 기사를 본다는 사람의 수는 계속 증가하고 있습니다. 이것은 인터넷 포털 사이트에서 각종 신문 기사를 쉽게 볼 수 있기 때문입니다.

사회자 : 다음 김영미 씨 말씀해 주십시오.

김영미 : 연세대학교 재학 중인 김영미입니다. 저는 인터넷 사이트의 신문 기사 제공 서비스에 찬성합니다. 정보가 넘쳐 나는 사회에서 바쁜 현대인들이 모든 신문과 방송 뉴스를 다 볼 수는 없지요. 그러니까 원하는 정보만을 빠른 시간에 볼 수 있는 인터넷 포털 사이트의 신문 기사 제공 서비스가 편리합니다.

박 기자 : 포털 사이트의 신문 기사 제공의 문제점을 두 가지만 말하겠습니다. 첫째, 사이트 이용자들이 신문 기사를 홈페이지나 광고에 실어서 상업적인 목적으로 이용한다는 것입니다. 이것은 저작권 침해입니다. 둘째, 호기심을 끄는 기사들만 싣다 보니 청소년들이 보지 말아야 할 기사를 보게 된다는 것입니다. 이것은 청소년 범죄의 원인이 되기도 합니다.

김영미 : 그런 문제가 있기는 하지만 신문사들이 신문의 지면들을 자꾸 늘리다 보니 광고면처럼 보지 않아도 될 기사들이 너무 많아요. 그래서 신문 구독률이 떨어지는 거예요.

박 기자 : 신문 구독률이 떨어지니까 신문사 입장에서는 수입이 줄게 되어서 광고 면을 늘릴 수밖에 없습니다.

김영미 : 신문의 광고 면이 많아지는 것이 구독률 감소 때문이라고 변명하는 건 잘못된 것 아닙니까? 포털 사이트에서 인기 있는 신문사 기사를 자주 읽다 보면 아마 그 신문을 구독하게 될 겁니다.

7과 5항 CD: 07

정희 : 미선아, 너 사주 본 적 있니?

미선 : 아니, 본 적 없는데. 나는 그런 것에 관심이 별로 없거든. 그런데 갑자기 왜?

정희 : 지나가다가 보니까 사주를 봐 주는 카페가 있더라. 그래서 한번 재미로 봤지.

미선 : 그래, 사주가 어떻대?

정희 : 나더러 관찰력이 있다고 하고 성격이 활달하고 명랑하면서 외향적이라더라. 그런 성격에 어울리는 직업을 찾으래.

미선 : 음, 잘 맞추는 게 신기하기는 하다. 너에게는 무슨 직업이 좋대?

정희 : 사업가라든지 기자, 연예인 같은 직업이 어울린대. 그리고 열심히 하다 보면 크게 성공하고 재물운도 따른다더라.

미선 : 결혼은 언제 하는 게 좋은지 물어봤어?

정희 : 응, 물어보는 김에 다 물어봤지. 결혼 적령기를 지나서 하는 게 좋대. 너무 일찍 결혼하면 배우자의 출세를 막을 운이래. 대체로 복이 많은 편이라고 하니 앞으로 걱정 안 해도 되겠어.

미선 : 설마 그런 아무런 과학적 근거가 없는 미신을 믿는 건 아니겠지? 사주 같은 건 시대에 뒤떨어진 미

신이야. 자기의 운명은 스스로 노력해서 만들어가야 하는 법이거든. 열심히만 살아간다면야 행운이 저절로 따라오지 않겠어?

정희 : 노력도 노력이지만 세상의 모든 일이 정해진 운명에 달려 있을 수도 있어.

미선 : 아휴, 내 친구가 이렇게 비과학적인 사고방식을 갖고 있는 줄 몰랐네.

8과 5항 CD: 08

신용 카드를 사용하는 사람들의 수가 점점 늘고 있는데요. 이럴 때일수록 신용 카드의 장점과 올바른 신용 카드 사용법을 잘 아는 지혜가 필요합니다.

신용 카드의 장점은 첫째, 현금을 소지할 필요가 없다는 것입니다. 국내뿐만 아니라 해외 어디를 가도 신용 카드 하나만 있으면 불편함이 없습니다. 둘째, 원하는 제품이나 서비스는 바로 받고 지불은 나중에 해도 된다는 점입니다. 당장 현금이 없는 경우에는 유용하게 사용될 수 있겠지요. 셋째, 할부로 구매할 수 있어요. 구매 금액을 3개월, 6개월씩 나누어 낼 수 있으니 편리합니다.

하지만 신용 카드의 단점도 많습니다. 무엇보다 당장 현금을 사용하지 않아도 된다는 생각에 과소비를 하기 쉽다는 점입니다. 이 때문에 신용 불량자 문제가 발생하고 있고요. 또한 카드를 도난당하거나 분실해서 피해를 입는 경우도 많습니다. 게다가 개인 정보가 유출되어 범죄에 악용될 수도 있으니 유의해야 합니다.

올바르게 신용 카드를 사용하자면 될 수 있는 대로 카드를 하나만 쓰는 것이 좋습니다. 그래야 신용 포인트를 최대한 높일 수 있습니다. 또한 카드사에서 제공하는 각종 할인 쿠폰은 최대한 이용하고 고가의 물건일 경우 무이자 할부 서비스를 이용하도록 하십시오. 무엇보다 자신의 소득 수준에 맞춰서 카드를 사용하는 것이 중요합니다.

9과 5항 CD: 09

가정의 달 5월을 맞아 가족들이 나들이하기에 좋은 축제를 하나 소개하려고 합니다. 바로 이천 도자기 축제인데요. 오는 4월 25일부터 5월 25일까지 도자기의 본고장 이천에서 도자기 축제가 열립니다. 이 축제는 천년이 넘는 역사를 가진 우수한 이천 도자기를 세계에 알리기 위해서 마련된 행사인데 도자기에 관심이 있는 사람들을 위해 약 한 달 동안 다양하고 흥미로운 행사가 준비되어 있습니다. 우선 4월 25일 2시 반부터 만남의 광장에서 무용단의 가면극 공연과 유명 가수의 축하 공연이 있을 예정입니다.

벚꽃이 활짝 핀 호수를 따라 자연을 느끼면서 세계 여러 작품들을 감상할 수 있으며 유럽의 도자기와 한국의 도자기가 같이 전시되어 있어서 비교 감상할 수 있는 전시회도 있습니다. 맨발로 흙을 밟아 보는 체험과 나만의 도자기를 직접 만들어 보는 체험도 즐길 수 있습니다. 흙이 손에서 미끄러질 때의 그 느낌이 여러분을 만족시킬 것이며 도자기에 자신의 그림 솜씨를 발휘해 볼 수 있는 좋은 기회도 제공됩니다. 넓은 판매장에는 다양한 도자기 상품들이 마련되어 있어서 마음껏 구경하고 기념품으로 한두 가지 골라 사 가지고 가는 것도 괜찮을 것 같습니다. 공연 행사로는 하루에 한 번 농악 공연과 가장 행렬이 펼쳐지며 마지막 날

듣기 지문

저녁부터는 유명 가수의 공연과 불꽃놀이가 진행될 예정입니다.

이천에 온 김에 아름다운 봄꽃과 맑은 호수의 경치도 감상하고 이천 쌀로 지은 쌀밥, 온천욕을 즐기면 쌓인 피로가 풀릴 것입니다.

10과 5항 CD: 10

여자 : 안녕하십니까? 한국 텔레콤입니다. 무엇을 도와 드릴까요?

남자 : 여보세요. 초고속 인터넷 통신 개통 광고를 보고 관심이 있어서 전화했는데요.

여자 : 전화 감사합니다. 이번에 저희 회사의 초고속 인터넷 통신 개설을 기념해서 특별 서비스를 실시하고 있는데요. 저희 회사 인터넷 통신은 다른 회사보다 속도가 2배나 빠릅니다. 또 이달 말까지 신청하시면 케이블 TV를 무료로 이용하실 수 있습니다. 게다가 기존에 쓰시던 전화번호를 바꾸실 필요 없이 집 전화를 무료로 이용하실 수 있습니다.

남자 : 저는 외국인인데 신청할 수 있습니까?

여자 : 네, 하지만 19세 이상이라야 서비스를 이용하실 수 있습니다. 19세 미만일 경우 보호자나 보증인이 필요합니다.

남자 : 저는 스무 살이니까 가능하네요. 다른 가입 조건은요?

여자 : 이번 서비스를 이용하려면 계약 기간을 꼭 3년 이상으로 하셔야 합니다. 또 한 달 이용료는 5만원이에요.

남자 : 한 달 이용료가 5만원이라고요? 그러면 지금 이용하는 인터넷 통신 서비스보다 2만원이나 비싼데요.

여자 : 하지만 케이블 TV와 집 전화비가 무료니까 더 저렴하게 이용하시는 셈입니다.

남자 : 음, 잘 생각해 보고 다시 전화 드리겠습니다.

모범 답안

제6과 지식과 사회

6과 1항

1. ❷ 얻을 ❸ 신뢰할 ❹ 무조건 ❺ 확인해야
2. ❷ 분석한다 ❸ 정리한다 ❹ 조사한다 ❺ 종합한다 ❻ 발표한다
3. ❷ 주부의 노력 ❸ 외국어 실력, 경력이 3년 이상이어야 해요. ❹ 요리사 자격증, 타고난 재능과 요리에 대한 애정이 있어야 하요. ❺ 춤과 노래 실력, 부족해요. 연주 실력도 있어야 해요. ❻ 시험 성적, 부족합니다. 전체 수업 일수의 80% 이상 출석을 해야 합니다.
4. ❷ 능력 ❸ 겉모습, 그 사람이 어떤 사람인지 알 수 없어요. 이야기를 해 봐야 해요. ❹ 용돈, 생활하기가 어려워요. 그래서 아르바이트를 해야 해요. ❺ 약, 부족해요. 꾸준히 운동을 해야 하고 음식 조절도 해야 합니다. ❻ 자격증, 취직하기 어려워요. 다양한 사회 경험을 많이 쌓아야 해요.
5. ❷ 감기에 걸리 ❸ 잊어버리 ❹ 사고가 나 ❺ 잃어버리 ❻ 친구와 싸우
6. ❷ 넘어지 ❸ 배탈이 나 ❹ 친구가 오해하 ❺ 그렇게 일을 대충 하면 실수하는 수가 있어요. ❻ 불법으로 주차하면 벌금을 내는 수가 있어요.

6과 2항

1. ❷ 다큐멘터리 ❸ 유익하다 ❹ 즐겨보는데 ❺ 일석이조
2. ❷ 등장인물 ❸ 다시보기 ❹ 시청자 소감 ❺ 미리보기
3. ❷ 낮은 ❸ 못하는 ❹ 컴퓨터 문서 작성 실력은 뛰어난 ❺ 사회 경험이 많은 ❻ 활발하고 적극적인
4. ❷ 건강한 ❸ 키가 작은 ❹ 잘 하는 ❺ 늦게 출근하는 축에 들어요. ❻ 이 정도가 부지런한 축에 드나요?
5. ❷ 자기 계발이, 취미활동이 ❸ 유산소 운동이, 근력 운동이 ❹ 회사원이, 개인 사업자 ❺ 학기 시작 전이, 학기 중이 ❻ 정규직이, 비정규직이
6. ❷ 오전이, 오후 ❸ 기차, 버스 ❹ 값이 싸, 비싸, 정성이 담겨 있으면 돼요. ❺ 현금이든 카드든 다 괜찮아요. ❻ 산이든 바다든 다 좋습니다.

6과 3항

1. ❷ 주고 받았는데 ❸ 마주보 ❹ 덕을 보 ❺ 영상 채팅
2. ❷ 검색하다 ❸ 홈페이지를 ❹ 게시판 ❺ 네티즌 ❻ 인터넷 뱅킹으로
3. ❷ 외국인 ❸ 살아 있는 ❹ 약속이나 한 ❺ 새가 날아오르는 ❻ 한 폭의 그림을 보는
4. ❷ 하늘을 날 ❸ 친자식을 대하는, 잘해 주세요. ❹ 고향에 온, 편해요. ❺ 무언가에 쫓기는 것처럼 빨리 걸어요. ❻ 며칠 굶은 것처럼 급하게 먹어요.
5. ❷ 부전자전이라고 ❸ 대기만성이라고 ❹ 유비무환이라고 ❺ 다다익선이라고 ❻ 작심삼일이라고
6. ❷ 발 없는 말이 천리 간다고 ❸ 가는 날이 장날이라고 ❹ 고생 끝에 낙이 온다고 ❺ 꼬리가 길면 밟힌다고 ❻ 가는 말이 고와야 오는 말이 곱다고

6과 4항

1. ❷ 빠뜨린 ❸ 일어났는지 ❹ 상식이
2. ❷ 사회면 ❸ 머리기사 ❹ 사설 ❺ 인사동정 ❻ 독자투고
3. ❷ 빵을 먹는 사람이 있는가 ❸ 비행기 창가 쪽 좌석을 좋아하는 사람이 있는가, 복도 쪽 좌석을 좋아하는 사람도 있어요. ❹ 인터넷 뱅킹을 이용하는 사람이 있는가, 은행에 직접 가는 사람도 있어요. ❺ 세금을 더 많이 내야 한다고 주장하는 사람이 있는가, 덜 내야 한다고 주장하는 사람도 있어요 ❻ 어떤 사람들은 이번 정부 정책에 찬성하는가, 어떤 사람들은 반대해요.
4. ❷ 대학원에 가는가 ❸ 인터넷 취업 사이트를 통해 일자리를 찾는 사람이 있는가 ❹ 이익을 본 회사가 있는가, 손해를 본 회사도 있어요. ❺ 아니요, 어떤 사람들은 아파트를 좋아하는가 하면 어떤 사람들은 단독 주택을 좋아해요. ❻ 장남이 부모님을 모시고 사는 경우가 있는가 하면 따로 사는 경우도 있어요.
5. ❷ 어디가 아픈 ❸ 두고 온 ❹ 화가 나신 ❺ 무슨 일이 생긴 ❻ 거짓말을 하는
6. ❷ 범인이 열쇠로 문을 연 게 틀림없습니다. ❸ 사무실 내부를 잘 아는 사람이 한 일임에 틀림없습니다.

모범 답안

❹ 회사의 중요 서류만 가지고 간 게 틀림없습니다. ❺ 회사 직원임에 틀림없습니다. ❻ 김 모 씨가 범인인 게 틀림없습니다.

6과 5항

듣기 연습

1. ❹ 2. ❶ 반대 ❷ 찬성 ❸ 반대 ❹ 찬성 3. ❶ 신문 기사를 홈페이지나 광고에 상업적인 목적으로 사용한다. ❷ 호기심을 자극하는 기사들만 싣다 보니 청소년들이 보지 말아야 할 기사를 보게 된다. ❸ 신문사들이 신문의 지면을 자꾸 늘려서 광고면처럼 보지 않아도 될 기사가 너무 많다.

읽기 연습

1. ❹ 2. 기사를 오디오 파일로 바꾸어 MP3로 들을 수 있다. 3. ❶ 더 많은 정보를 보고 싶어하는 사람들의 욕구를 만족시켰다. ❷ 질 높은 정보를 원하는 사람들의 요구를 만족시켰다. ❸ 인터넷, 휴대 전화 등을 통해 언제든지 뉴스, 날씨 정보를 알 수 있게 하였다.

말하기 · 쓰기 연습

(생략)

속담 1 연습

1. 누워서 떡 먹기 2. 세 살 적 버릇 여든까지 간다고 3. 금강산도 식후경이라고 4. 원숭이도 나무에서 떨어질 때가 있다고 5. 배보다 배꼽이 크 6. 아니 땐 굴뚝에 연기 나 7. 떡 줄 놈은 생각지도 않는데 김칫국부터 마신다고 8. 믿는 도끼에 발등 찍혔네 9. 그림의 떡이네 10. 고래 싸움에 새우등 터진

제7과 미신

7과 1항

1. ❷ 응원 ❸ 부상으로 ❹ 출전을 ❺ 운이 ❻ 중계방송
2. ❷ 복을 ❸ 재수가 ❹ 행운이 ❺ 불행
3. ❷ 그 날, 사람이 많았다. ❸ 그 날, 차가 많이 막혔다. ❹ 오늘, 버스가 안 왔다. ❺ 오늘, 전화까지 많이 걸려 온다. ❻ 오늘, 한잔하자는 사람이 많았다.
4. ❷ 빈 택시가 없군요. ❸ 그 날, 선수들이 실수를 많이 했어요. ❹ 그 날, 긴장이 많이 돼서 잘 못했어요. ❺ 오늘따라 학생들이 질문을 많이 해서 그랬어요. ❻ 그 날따라 회사일이 많아서 못 갔어요.
5. ❷ 정장을 입을걸 ❸ 친구라도 데리고 올걸 ❹ 영어 공부를 열심히 할걸 ❺ 좀 더 큰 목소리로 말할걸 ❻ 이 회사에 대한 정보도 더 많아 알아둘걸
6. ❷ 농담을 하지 말걸 ❸ 거절할걸 ❹ 저도 보러 갈걸 ❺ 다른 전공을 선택할걸 그랬어요. ❻ 지난주에 살걸 그랬어요.

7과 2항

1. ❷ 미신을 ❸ 근거를 ❹ 신경 쓰 ❺ 과학적으로
2. ❷ 민간신앙을 ❸ 귀신을 ❹ 금기 ❺ 비과학적
3. ❷ 테러로 인해 수백 명의 피해자가 발생했다더라 ❸ 수지가 모임에 10분 정도 늦을 거라더라 ❹ 4월 28일에 설악산으로 야유회를 갈 예정이라더라 ❺ 연세 백화점이 10월 20일부터 28일까지 정기 세일을 한다더라 ❻ 6월 27일에 여름 학기가 시작된다더라
4. ❷ 그런데 다행히 별로 많이 다치지 않았다더라 ❸ 양배추가 위에 좋다더라 ❹ 부상에서 회복해서 출전할 수 있다더라 ❺ 아파트가 살기에 편하다더라. ❻ 재산 피해가 엄청나다더라.
5. ❷ 커피를 마시면 잠이 안 오, 건강에 안 좋 ❸ 서비스가 나쁘, 줄을 오래 서야 되 ❹ 춤을 잘 못 추, 감정 표현을 잘 못하 ❺ 교통이 복잡하, 술집이 많아서 시끄럽 ❻ 배우가 연기를 못하, 내용이 비현실적이
6. ❷ 여행지가 너무 머, 날짜가 적당하지 않 ❸ 신을 믿, 안 믿, 힘들 때는 모두들 신을 찾아요. ❹ 본 것하고 다르, 배송이 늦, 다들 인터넷 쇼핑을 이용하는군요. ❺ 여성들의 사회 활동이 늘었네 회사의 근무 환경이 좋아졌네 해도 아이가 있는 여성들이 직장 생활하기란 여간 어려운 일이 아니에요. ❻ 담뱃값이 비싸네 담배가 몸에 나쁘네 해도 스트레스 풀기에는 담배가 그만인 것 같아요.

7과 3항

1. ❷ 더러 ❸ 설마 ❹ 운명이 ❺ 사주를 ❻ 사업이
2. ❷ 진학 ❸ 사망 ❹ 취업을 ❺ 임신을 ❻ 출산과
3. ❷ 내 우산을 사는 ❸ 복사하는 ❹ 은행에 온, 환전도 했다. ❺ 슈퍼에 온, 음료수도 미리 샀다. ❻ 청소를 하는, 유리창도 닦았다.
4. ❷ 이 근처에 온 ❸ 매점에 가는, 물 좀 사다 주세요. ❹ 시내에 나오는, 직접 가지고 왔어요. ❺ 백화점에 간 김에 필요한 것을 다 샀어요. ❻ 화장실을 수리하는 김에 부엌도 수리했어요.
5. ❷ 수리비가 많이 나오는 ❸ 나를 고발하는 ❹ 주인이 월세를 올려 달라고 하는 ❺ 미용실이 문을 닫은 ❻ 환불을 안 해 주는
6. ❷ 약속 시간에 늦는 ❸ 가 버린 ❹ 표가 매진되는 ❺ 설마 누가 훔쳐간 건 아니겠지요? ❻ 설마 지하철이 끊긴 건 아니겠지요?

7과 4항

1. ❷ 상관이 ❸ 떨렸는데 ❹ 합격 ❺ 한턱내
2. ❷ 흉몽이다 ❸ 선잠을 ❹ 숙면을 ❺ 태몽을 ❻ 해몽을
3. ❷ 교통, 교통이지만 ❸ 실력, 실력이지만 운도 따라야 해요. ❹ 내용, 내용이지만 배우들이 연기를 참 잘했어요. ❺ 첫인상, 첫인상이지만 남을 배려하는 태도에 마음이 더 끌렸어요. ❻ 혈압, 혈압이지만 두통이 더 견디기가 어려워요.
4. ❷ 벌금, 벌금이지만 ❸ 월급, 월급이지만 회사일이 저한테 너무 벅차서 그만뒀어요. ❹ 맛도 맛이지만 건강을 생각해서 자주 사 먹어요. ❺ 질도 질이지만 쇼핑하기가 편리해서 백화점에 자주 가요. ❻ 바쁜 것도 바쁜 것이지만 제가 들어주기 어려운 부탁이어서 거절했어요.
5. ❷ 어학 실력만 뛰어나다면야 ❸ 치료비만 많이 안 든다면야 치료를 받지요. ❹ 가격만 싸다면야 구입하지요. ❺ 주변 환경만 쾌적하다면야 상관없어요. ❻ 월급만 많이 준다면야 들어가서 일하지요.
6. ❷ 용서만 빈다면야 용서하지요. ❸ 성공만 한다면야 아무리 힘든 일이라도 다 하지요. ❹ 교환만 해 준다면야 배송비를 지불하지요. ❺ 잘 가르치기만 한다면야 아무리 멀어도 다니지요. ❻ 저를 뽑아 준다면야 원하는 대로 뭐든지 다 하지요.

7과 5항

듣기 연습

1. ❸ 2. ❹ 3. 비과학적인

읽기 연습

1. ❷ 2. ❶ O ❷ X ❸ X ❹ X ❺ O ❻ O ❼ X ❽ O ❾ O ❿ O ⓫ X ⓬ O

말하기 · 쓰기 연습

(생략)

속담 2 연습

1. 빈 수레가 요란하다더니 2. 꼬리가 길면 밟힌다더니 3. 누워서 침 뱉기라고 4. 호랑이도 제 말하면 온다더니 5. 돌다리도 두들겨 보고 건너라고 6. 소 잃고 외양간 고치 7. 바늘 도둑이 소 도둑 된다고 8. 제 눈의 안경이라고 9. 윗물이 맑아야 아랫물이 맑다고 10. 콩 심은 데 콩 나고 팥 심은데 팥 난다고

제8과 생활 경제

8과 1항

1. ❷ 형편이 ❸ 흔한 ❹ 쑥스러울 ❺ 단돈 ❻ 대단하다
2. ❷ 수입은 ❸ 지출을 ❹ 구매 ❺ 과소비를 ❻ 저축
3. ❷ 부끄러울 ❸ 뿌듯할 ❹ 어깨가 무거울 ❺ 기쁠 ❻ 죄송할
4. ❷ 마음이 무거울 ❸ 슬플 ❹ 부장으로서 부서를 잘 이끌어야 한다는 생각에 어깨가 무거울 ❺ 회사에서 잘 할 수 있을지 걱정될 따름이야. ❻ 무슨 소리야, 이렇게 정성스러운 선물을 받아서 기쁠 따름이야.
5. ❷ 원유 가격이 오르니만큼 ❸ 정부가 긴급 경제 정책을 세웠으니만큼 ❹ 여행 경비가 많이 드니만큼 ❺ 전망 좋은 고층 아파트이니만큼 ❻ 주변 아파트 주민들이 재개발 정책에 반대하고 있으니만큼

모범 답안

6. ❷ 제품의 품질이 좋으니만큼 ❸ 물가가 많이 올랐으니만큼 ❹ 우리 팀이 열심히 연습했으니만큼 이번 시합에서 우승할 수 있을 거라고 봐요. ❺ 열심히 노력했으니만큼 좋은 결과가 있을 테니까 걱정 마세요. ❻ 경제 상황이 안 좋으니만큼 투자를 미루고 조금 더 지켜보는 게 좋을 것 같아요.

8과 2항

1. ❷ 자금을 ❸ 대여해 ❹ 단기간 ❺ 위험부담이
2. ❷ 문화 · 레저비 ❸ 식비 · 외식비 ❹ 교육비 ❺ 세금 · 공과금 ❻ 경조사비
3. ❷ 경제를 발전시키 ❸ 학교 교육의 질을 높이 ❹ 기업의 수출량을 늘리, 수출법을 바꿔야 합니다. ❺ 회사의 이미지를 좋게 하, 제품의 디자인 개발에 신경을 써야 합니다. ❻ 기업과 근로자 간의 문제를 해결하, 정기적으로 대화를 해야 합니다.
4. ❷ 돈을 모으 ❸ 환경 문제를 해결하 ❹ 회사원이 집을 장만하, 보통 5년 정도 걸립니다. ❺ 부품을 다 교체하자면 100만원 이상 들 것 같은데요. ❻ 국제 기구에 취직하자면 외국어 실력과 다양한 경험이 필요합니다.
5. ❷ 전업 주부는, 전업 주부, 맞벌이 주부는, 맞벌이 주부 ❸ 직장인은 직장인, 프리랜서는, 프리랜서 ❹ 경영자는, 경영자, 직원들은, 직원들, 노력하고 있어요. ❺ 부모는 부모대로 자녀는 자녀대로 고민이 많아요. ❻ 자가용 출퇴근자는 자가용 출퇴근자대로 대중 교통 이용자는 대중교통 이용자대로 불만이 많아요.
6. ❷ 친구는, 친구 ❸ 사장님은, 사장님 ❹ 외동딸은 외동딸, 안 좋은 점이 있어요. ❺ 단체 여행은 단체 여행대로 좋은 점이 있어요. ❻ 중소기업은 중소기업대로 대기업은 대기업대로 힘든 점이 있어요.

8과 3항

1. ❷ 한도를 ❸ 무절제한 ❹ 결제를 ❺ 교훈으로
2. ❷ 적립 ❸ 할부가 ❹ 일시불로 ❺ 연회비 ❻ 면제 ❼ 할인을
3. ❷ 휴대 전화가 갑자기 고장나 ❸ 컴퓨터에 이상이 생기 ❹ 뒷사람이 미, 발을 밟고 말았어요. ❺ 아침에 서둘러 나오, 서류를 집에 놓아 두고 왔습니다. ❻ 회사에서 급하게 해야 할 일이 생기, 예매하지 못했어.
4. ❷ 문을 여 ❸ 잘 어울린다고 자꾸 사라고 하 ❹ 물어보, 얘기하고 말았어. ❺ 버스가 늦게 오는 바람에 지각을 했어요. ❻ 갑자기 앞에서 아이가 차로 뛰어드는 바람에 급정거를 했어요.
5. ❷ 안전 밸트를 맸으면야 ❸ 구급차가 일찍 도착했으면야 ❹ 안개가 끼지 않았으면야 ❺ 앞차가 급정거하지 않았으면야 ❻ 사고를 낸 차가 보험에 가입되어 있었으면야
6. ❷ 미리 확인했으면야 ❸ 표를 미리 예매했으면야 ❹ 식당 아르바이트가 이렇게 힘들 줄 알았으면야 시작하지 않았을 거예요. ❺ 술을 많이 마시지 않았으면야 그런 실수를 하지 않았을 거예요. ❻ 주말에 서울광장이 이렇게 복잡할 줄 알았으면야 차를 가지고 오지 않았을 거예요.

8과 4항

1. ❷ 웬만하면 ❸ 나무랐다 ❹ 조르 ❺ 자극해서 ❻ 타일렀다.
2. ❷ 공익광고를 ❸ 광고주 ❹ 광고모델로는 ❺ 온라인광고
3. ❷ 입어 보나마나 ❸ 보나마나 ❹ 입으나마나예요 ❺ 먹으나마나예요 ❻ 하나마나예요
4. ❷ 알아 보나마나 ❸ 식당에 가 보나마나 먹을 수 없을 거야. ❹ 들어 보나마나 여자 친구 문제일 거예요. ❺ 이 근처는 월세가 비싸니까 찾아 보나마나 없을 거예요. ❻ 사람들이 좋다고 하니까 써 보나마나 잘 맞을 거예요.
5. ❷ 성공하 ❸ 실패를 겪 ❹ 좋은 재료와 변함없는 정성으로 만들면 손님들이 알아 주 ❺ 가난을 경험한 사람들이 어려운 사람들의 형편을 더 잘 이해하 ❻ 열심히 노력하면 꿈을 이루
6. ❷ 고장이 나 ❸ 화를 내 ❹ 마음에서도 멀어지 ❺ 경제가 어려워지면 소비가 줄게 마련이에요.❻ 부정한 일을 계속 하면 벌을 받게 마련이지요.

8과 5항

듣기 연습

1. ❶ 현금을 소지할 필요가 없다. ❷ 원하는 제품이나 서비스는 바로 받고 지불은 나중에 해도 된다. ❸ 할부로 구매할 수 있다. 2. ❸ 3. ❶ O ❷ O ❸ X ❹ X

읽기 연습

1. ❸ 2. ❷ 3. ❶ 가계부를 쓴다. ❷ 신용 카드 사용은 월수입의 20%를 넘지 않는다. ❸ 소득의 30%를 저축한다.

말하기 · 쓰기 연습

(생략)

관용어 1 연습

1. 손을 잡 2. 하늘의 별 따기야 3. 손을 뗐다던데 4. 길눈이 어두워서 5. 눈이 높아서 6. 발을 끊었대 7. 손이 크셔서 8. 옷이 날개라고 9. 눈 감아 10. 발이 넓어서

제9과 명절과 축제

9과 1항

1. ❷ 덕담을 ❸ 장손이라서 ❹ 친지를 ❺ 차례를 ❻ 관심사를
2. ❷ 귀성객 ❸ 세배 ❹ 세뱃돈을 ❺ 성묘
3. ❶ 친구들과 나눠 먹습니다. •   • 따뜻한 위로를 해 줬어요.
   ❷ 시합에서 우리 팀이 이깁니다. •   • 요구했어요.
   ❸ 국이 싱거우면 넣습니다. •   • 어머니가 도시락을 싸 줬어요.
   ❹ 비밀로 하지말고 공개합니다. •   • 열심히 응원하고 있어요.
   ❺ 너무 슬퍼하지 않습니다. •   • 아이들한테 놀이터를 마련해 줬어요.
   ❻ 마음껏 뛰어놉니다. •   • 식탁 위에 소금을 놓아뒀어요.

   ❷ 시합에서 우리 팀이 이기라고 열심히 응원하고 있어요. ❸ 국이 싱거우면 넣으라고 식탁 위에 소금을 놓아뒀어요. ❹ 비밀로 하지 말고 공개하라고 요구했어요. ❺ 너무 슬퍼하지 말라고 따뜻한 위로를 해 줬어요. ❻ 마음껏 뛰어놀라고 아이들한테 놀이터를 마련해 줬어요.
4. ❷ 필요한 것이 있으면 사라고 ❸ 한국말 공부할 때 쓰라고 사 줬어요. ❹ 심심할 때 전화하라고 전화번호를 가르쳐 줬어요. ❺ 식사하실 때 마시라고 와인을 선물해 드렸어요. ❻ 잊어버리지 말라고 제가 전화해 줄게요.
5. ❷ 외국어를 유창하게 잘 한다든가 업무 능력이 뛰어나다든가 ❸ 경제적인 지원을 한다든가 보육 시설을 확대한다든가 ❹ 배송이 늦다든가 제품에 하자가 있다든가 ❺ 독서를 한다든가 휴식을 취한다든가 하면서 여가를 보내요. ❻ 채용 설명회를 실시한다든가 연봉을 인상해 준다든가 하면 우수한 인재를 확보할 수 있지 않을까요?
6. ❷ 병원에 꽃을 가지고 가지 않는다든가 사랑하는 사람에게 신발을 선물하지 않는다든가 ❸ 미안하다고 먼저 말한다든가 선물을 한다든가 하면 금방 화해할 수 있겠지요. ❹ 일자리를 많이 만든다든가 기술 교육을 늘린다든가 하는 방법이 있어요. ❺ 빨간색으로 이름을 쓰면 안 된다든가 미역국을 먹으면 시험에 떨어진다든가 하는 것은 모두 미신이에요. ❻ 커튼을 바꾼다든가 꽃을 놓아두든가 하면 실내 분위기가 밝아질 것 같아요.

9과 2항

1. ❷ 내내 ❸ 귀성 행렬은 ❹ 너 나 할 것 없이 ❺ 추석은 ❻ 열대 지방
2. ❷ 첫 ❸ 맏 ❹ 맨
3. ❷ 자랑스럽 ❸ 생각이 나 ❹ 힘들 ❺ 욕심이 나 ❻ 두렵
4. ❷ 방해가 되 ❸ 위험하, 하지만 산꼭대기에 오르고 나면 기분이 여간 좋은 게 아니에요. ❹ 왜 도와 주고 싶, 하지만 스스로 이겨 나가는 능력을 기르게 하기 위해서 안 도와주려고 해요. ❺ 왜 외롭지 않겠어요? 하지만 좋은 결과를 얻기 위해서는 참아야죠. ❻ 왜

고생스럽지 않겠어요? 하지만 봉사활동을 하고 나면 마음이 뿌듯해져서 자꾸 하게 돼요.

5. ❷ 옷차림으로 ❸ 현재 기분 상태로, 받아줄 것 같아요. ❹ 요즘 분위기로, 해결이 잘 안 될 것 같아요. ❺ 시합 성적으로, 쉽게 올라갈 수 있을 것 같아요. ❻ 말투로, 외국 사람인 것 같아요.
6. ❷ 검사 결과로 ❸ 업무 능력으로, 영수 씨가 더 나을 것 같아요. ❹ 외모로, 전혀 무용을 했을 것 같지 않은데요. ❺ 현재 상황으로 봐서는 한두 달 후에 복구될 것 같아요. ❻ 요즘 경제 상황으로 봐서는 주식에 투자해도 위험부담이 없을 것 같아요.

9과 3항

1. ❷ 넘었다 ❸ 막상 ❹ 세계 문화유산으로 ❺ 흥미로운 ❻ 지정된
2. ❷ 굿이 ❸ 가면극 ❹ 불꽃놀이가 ❺ 농악 ❻ 시가행진
3. ❷ 많이 붐비 ❸ 볼 만하 ❹ 흥겹 ❺ 입에 맞 ❻ 유익하
4. ❷ 배우들이 연기를 잘 하 ❸ 교환을 해 주 ❹ 두 사람이 잘 어울리 ❺ 마음에 드는 집이 있던가요? ❻ 점쟁이가 뭐라고 하던가요?
5. ❷ 눈이 빠지 ❸ 손이 발이 되 ❹ 죽 ❺ 입에 침이 마르 ❻ 입이 닳
6. ❷ 밤이 새 ❸ 해가 지 ❹ 서른 살이 되 ❺ 일 년이 넘도록 연락이 없어요. ❻ 3시간이 넘도록 회의를 했지만 결정이 된 게 하나도 없었어요.

9과 4항

1. ❷ 어버이날 ❸ 근로자 ❹ 따로따로 ❺ 기념일이
2. ❷ 기념사진 ❸ 기념품을 ❹ 기념관 ❺ 기념전이 ❻ 기념우표
3. ❷ 저도 아직 안 냈네요. ❸ 영수 씨가 오늘 안 보이는군요. ❹ 두 사람이 정말 많이 닮은 것 같네요. ❺ 소금을 안 넣었군요. ❻ 짧은 치마를 입은 여자들이 많네요.
4. ❷ 옷이 좀 고급스러워 보이네요. ❸ 카네이션을 많이 파는군요. ❹ 거리가 조용하네요. ❺ 그러고 보니 영수 씨가 안색이 좋아 보이는군요. ❻ 그러고 보니 얼굴이 피곤해 보이네요.
5. ❷ 음식 준비를 안 할 ❸ 아무하고나 결혼할 ❹ 안 먹을 ❺ 선물을 안 살 ❻ 일을 안 할
6. ❷ 약을 안 먹을 ❸ 몇 가지만 준비할 ❹ 일을 안 끝내고 퇴근할 ❺ 그렇다고 빈손으로 갈 수는 없지요. ❻ 그렇다고 사 달라고 하는 것을 다 사 줄 수는 없지요.

9과 5항

듣기 연습

1. ❸ 2. ❷ 3. 가면극, 불꽃놀이

읽기 연습

1. ❶ 2. 5월의 여왕을 뽑는 대회, 쌍쌍 파티, 가장행렬, 포크 댄스, 마라톤, 체육 대회 3. 획일적 4. ❷

말하기 · 쓰기 연습

(생략)

관용어 2 연습

1. 귀에 못이 박이 2. 엎드리면 코 닿을 3. 입이 무거운 4. 어깨가 무거울 5. 낯을 가려서 6. 맛이 간 7. 눈 코 뜰 새가 없어요. 8. 귀를 기울일 9. 낯이 두껍 10. 금이 간

제10과 현대를 살아가는 사람들

10과 1항

1. ❷ 의식적으로 ❸ 도대체 ❹ 버릇을 ❺ 회의가
2. ❷ 불안해 ❸ 경쟁하 ❹ 우울증 ❺ 몰두하는 ❻ 도전해
3. ❷ 식탁에 케이크가 있 ❸ 어제 잠을 못 잤어, 계속 졸고 있 ❹ 무슨 안 좋은 일이 있어, 그렇게 표정이 안 좋 ❺ 오늘 무슨 바쁜 일이 있어요, 계속 통화를 하 ❻ 오늘 혹시 생일이야, 드레스를 입고 있
4. ❷ 아직도 답장이 없 ❸ 30분이 넘도록 오지 않 ❹ 오늘 저렇게 화를 내시게. ❺ 서울광장에 무슨 공연이 있나, 사람들이 저렇게 모여 있게. ❻ 내가 비밀 번호를 바꿨나, 로그인이 안 되게.

5. ❶ 어제 산 옷이 마음에 안 든다. • ❷ 월급은 많지만 일이 힘들다. • ❸ 집에서 음식 준비하기 귀찮다. • ❹ 주식 값이 자꾸 떨어진다. • ❺ 친구에게 비밀로 한 게 미안하다. • ❻ 친구의 생일선물 준비를 안 했다. •

• '외식이나 할까?' • '다른 것으로 바꿀까?' • '생일 파티에 가지 말까?' • '솔직히 말해 버릴까?' • '주식을 팔아버릴까?' • '회사를 그만둘까?'

❷ 회사를 그만둘까 ❸ 집에서 음식 준비하기 귀찮은데 외식이나 할까 ❹ 주식값이 자꾸 떨어지는데 주식을 팔아 버릴까 ❺ 친구에게 비밀로 한 게 미안한데 솔직히 말해 버릴까 ❻ 친구의 생일선물 준비를 안 했는데 생일 파티에 가지 말까

6. ❷ 그만 포기할까 봐요. ❸ 파티는 하지 말까 봐요. ❹ 버스로 출퇴근할까 봐요.❺ 월세가 너무 비싸서 다른 데로 이사할까 봐요. ❻ 네, 스트레스가 너무 많이 쌓여서 회사를 그만둘까 봐요.

10과 2항

1. ❷ 물질 ❸ 키우는 ❹ 보상을 ❺ 심해지고
2. ❷ 이기주의가 ❸ 민주주의 ❹ 외모지상주의가 ❺ 민족주의 ❻ 물질만능주의는
3. ❷ 수입이 준 ❸ 수출 목표를 달성한 ❹ 세계 최강팀과 싸워서 1-0이니 비긴 ❺ 덜 드는 셈이다. ❻ 인터넷 통신 요금 부담은 있지만 국내 전화비가 무료니까 인터넷 전화가 더 싼 셈이다.
4. ❷ 살이 찐 ❸ 손해를 본 ❹ 회식을 많이 하니까 더 많이 먹는 ❺ 다른 동기들이 벌써 과장으로 승진한 경우가 많으니까 저는 늦은 셈이에요. ❻ 하지만 읽기, 쓰기 성적이 나쁘니까 전체 성적은 떨어진 셈이야.
5. ❷ 경력 사원이라야 ❸ 직장인이라야 ❹ 성인이라야 주류를 살 수 있다. ❺ 외국인이라야 호텔 카지노에 출입할 수 있다. ❻ 연소득 800만원 이하라야 세금을 감면받을 수 있다.
6. ❷ 지역 주민이라야 ❸ 경력자라야 이 아르바이트를 할 수 있어요. ❹ 초등학생 이상이라야 이 놀이 기구를 이용할 수 있어요. ❺ 아니요, 키 180cm 이상의 전문 모델이라야 광고 모델을 할 수 있어요. ❻ 구매 고객이라야 무료 주차 쿠폰을 받을 수 있어요.

10과 3항

1. ❷ 염증이 ❸ 보약을 ❹ 지나치 ❺ 영양제를
2. ❷ 만성피로 ❸ 건강 검진을 ❹ 비만 ❺ 성인병 ❻ 채식
3. ❷ 신문 보도로는 이번 지진으로 300명 이상이 사망했대요. ❸ 소문으로는 두 사람이 사귀는 것이 틀림없대요. ❹ 건강 검진 결과로는 건강에 특별한 이상은 없대요. ❺ 현재 경기 상황으로는 2-0으로 우리 팀이 이기고 있대요. ❻ 정부 발표로는 일자리를 늘려 실업 문제를 해결하도록 하겠대요.
4. ❷ 현재 상태로는 ❸ 지금 형편으로는 ❹ 앞차 운전자 말로는 ❺ 과장님 말씀으로는 이번 달 말까지는 끝내야 한대요. ❻ 면접시험 결과로는 김진수 씨가 제일 적합할 것 같습니다.
5. ❷ 은행에 직접 갈 ❸ 지도를 가지고 다니며 운전할 ❹ 시장이나 백화점에 갈 ❺ 대학교에서 강의를 들을 필요가 없다. ❻ 열쇠를 가지고 다닐 필요가 없다.
6. ❷ 오실 ❸ 따로 낼 ❹ 신경 쓸 ❺ 아니요, 이삿짐센터에서 다 알아서 해 줘서 짐을 쌀 필요가 없었어요. ❻ 스피커가 내장되어 있으니까 따로 스피커를 구입할 필요가 없어요.

10과 4항

1. ❷ 터놓 ❸ 보급되면서 ❹ 증가하 ❺ 의사소통 ❺ 단절은
2. ❷ 따라서 ❸ 우선 ❹ 예를 들면 ❺ 또한 ❻ 이외에도
3. ❷ 직원들의 교통비 부담을 줄이, 회사 셔틀 버스를 운영하기로 했다. ❸ 직원들의 외국어 실력을 높이, 회사에 외국어 강의를 실시하기로 했다. ❹ 직원들의 문화 생활에 도움을 주, 문화 센터를 운영하기로 했다. ❺ 생산량을 늘리고자 최신식 기계를 설치했다. ❻ 직원들의 문제를 직접 듣고자 사장님과의 모임을 개최하

기로 했다

4. ❷ 한국어를 배우 ❸ 한국 문화를 체험하 ❹ 여행도 하고 경험도 많이 쌓, 해외에서 봉사 활동을 했습니다. ❺ 경험도 쌓고 좋은 일도 하고자 무료로 아이들에게 영어를 가르치고 있습니다. ❻ 한국 문화를 여러 나라 사람들에게 알리고자 이 동아리를 만들었습니다.

5. ❷ 의학 기술이 발달함에 ❸ 과학 기술이 발달함에, 생활이 편리해지고 있다. ❹ 혼인율이 감소함에, 출산율도 낮아지고 있다. ❺ 직장에서의 업무가 과도해짐에 따라 과로사가 증가하고 있다. ❻ 의사소통이 단절됨에 따라 가족 문제, 청소년 문제가 생겨나고 있다.

6. ❷ 한국과 중국 간의 교류가 활발해짐에 ❸ 서울시 교통이 복잡해짐에, 자전거 전용 도로를 만들게 되었습니다. ❹ 환율이 오름에, 외국인 관광객 수는 증가할 것으로 보입니다. ❺ 과거에 비해 자동차 수가 증가함에 따라 교통 사고율이 높아졌습니다. ❻ 물가가 오름에 따라 사람들이 소비를 줄였기 때문입니다.

10과 5항

듣기 연습

1. ❶ 인터넷 속도가 다른 회사보다 2배 빠르다. ❷ 이 달 말까지 신청하면 케이블 TV 를 무료로 이용할 수 있다. ❸ 기존의 전화번호를 바꿀 필요 없이 집 전화를 무료로 이용할 수 있다. 2. ❶ O ❷ O ❸ O ❹ X

읽기 연습

1. 공동의 목표를 가진 경쟁자 가운데 실력이 비슷한 사람
2. ❶

3. 문제점	❶ 라이벌을 질시하여 잘못된 수단과 방법으로 경쟁에서 이기려고 한다. ❷ 자신의 능력과 가치에 비관적인 마음을 갖게 된다.
해결책	❶ 어린 시절부터 양심과 규칙에 대한 학습이 이뤄져야 한다. ❷ 다른 사람에 대한 예절과 배려를 몸에 익혀야 한다.

복습문제(6과~10과)

I. 1. 일과를 2. 아무러면 3. 숙면을 4. 근거가 5. 지출이 6. 운이 7. 왠지 8. 쇠귀에 경 읽기예요 9. 악몽을 10. 일단

II. 1. 신뢰할 2. 타이르셨다 3. 흔한 4. 빠뜨리 5. 대여해 6. 몰두하 7. 마주보 8. 무절제하 9. 쑥스럽 10. 뒤떨어진다는

III. 1. ❸ 2. ❶ 3. ❹ 4. ❷ 5. ❸

IV. 1. 건강을 생각해서 너 나 할 것 없이 운동을 하고 영양제를 챙겨 먹는데 너무 지나치게 운동을 하면 오히려 건강을 해칠 수도 있다. 2. 인터넷으로 신뢰할 만한 정보도 얻고 전화, 쇼핑, 공부 등 여러 가지를 할 수 있으니 인터넷 덕을 많이 보고 있다고 할 수 있다. 3. 신용 카드는 편리하기는 하지만 자신의 형편에 맞지 않는 무절제한 소비를 할 수 있으므로 유의해야 한다.

V. 1. 생활비를 줄이, 외식을 줄이고 절약해야 해요. 2. 영어 실력, 좋은 회사에 취직할 수 없어요. 3. 영양을 제대로 섭취하지 않으면 건강이 나빠지 4. 이 정도가 열심히 하는 5. 영철 씨가 오, 안 오, 회의를 시작합시다. 6. 직접 보고 얘기하는, 느껴졌어요. 7. 고생 끝에 낙이 온다고 8. 대중교통을 이용하는 사람이 있는가, 자동차를 이용하는 사람도 있어요. 9. 냉장고를 일찍 사지 말걸 10. 오늘 차가 밀릴 거라더라. 11. 맵, 짜, 한국 음식이 제일 맛있어요. 12. 우체국에 가는, 대신 부쳐 드릴게요. 13. 길을 잃어버린 14. 춤, 춤이지만 노래를 잘 해서 인기가 많아요.

VI. 1. 오늘, 차가 많이 밀렸다. 2. 아르바이트를 그만둘까 3. 소식을 못 들은 4. 저축을 많이 하는 5. 부끄러울 6. 옆 친구가 떠드 7. 부자는, 부자, 걱정이 있을 거예요. 8. 실력이 있다면야 9. 중요한 일이니만큼 10. 그동안 돈을 아껴 썼으면야 11. 아직도 학교에 안 오는 걸 보니 보나마나 12. 사람들의 생각도 달라지 13. 생일 파티에 오라고 14. 여행을 간다든가, 운동을 한다든가 15. 현재 경제 상황으로

VII. 1. 여러 증거와 기업인들의 증언으로 봐서는 부정한 자금을 받은 게 틀림없다. 2. 경제력을 갖춘 젊은이들이 미혼 상태에서 독립하는 경우가 많아짐에 따라 1인만으로 구성된 가정도 적지 않다. 3. 사주나 점은 과학적인 근거가 없어서 신뢰할 수 없네 재미로 즐길 뿐이네 해도 현대인들은 중요한 문제

가 있으면 점을 보고, 날마다 신문에서 오늘의 운세를 확인한다. **4.** "공부하기 힘들 텐데 잊지 않고 찾아와 줘서 정말 고맙다."고 말씀하시는 선생님께 오히려 내가 죄송할 따름이었다. **5.** 점원이 무이자 12개월에 할인도 많이 해 주는 좋은 기회라고 자꾸 권하는 바람에 그만 노트북을 구입하고 말았다.